Die Kündigung ordentlich unkündbarer Arbeitnehmer

AF883962

Europäische Hochschulschriften
Publications Universitaires Européennes
European University Studies

Reihe II
Rechtswissenschaft

Série II Series II
Droit
Law

Bd./Vol. 4127

PETER LANG
Frankfurt am Main · Berlin · Bern · Bruxelles · New York · Oxford · Wien

Marion Gusek

Die Kündigung ordentlich unkündbarer Arbeitnehmer

PETER LANG
Europäischer Verlag der Wissenschaften

Bibliografische Information Der Deutschen Bibliothek
Die Deutsche Bibliothek verzeichnet diese Publikation in der Deutschen Nationalbibliografie; detaillierte bibliografische Daten sind im Internet über <http://dnb.ddb.de> abrufbar.

Zugl.: Bielefeld, Univ., Diss., 2004

D 361
ISSN 0531-7312
ISBN 3-631-53317-9

© Peter Lang GmbH
Europäischer Verlag der Wissenschaften
Frankfurt am Main 2005
Alle Rechte vorbehalten.

Das Werk einschließlich aller seiner Teile ist urheberrechtlich geschützt. Jede Verwertung außerhalb der engen Grenzen des Urheberrechtsgesetzes ist ohne Zustimmung des Verlages unzulässig und strafbar. Das gilt insbesondere für Vervielfältigungen, Übersetzungen, Mikroverfilmungen und die Einspeicherung und Verarbeitung in elektronischen Systemen.

www.peterlang.de

Meiner Großmutter

Vorwort

Die vorliegende, zwischenzeitlich überarbeitete, Fassung über die Kündigung ordentlich unkündbarer Arbeitnehmer wurde im Sommersemester 2004 vom Fachbereich der Fakultät für Rechtswissenschaft der Universität Bielefeld als Dissertation angenommen.

Für die wissenschaftliche Betreuung dieser Arbeit danke ich meinem Doktorvater, Herrn Professor Dr. Peter Schwerdtner, bei dem ich in vielen interessanten Gesprächen diverse Facetten des Arbeitsrechts erlernen dürfte.

Mein besonderer Dank gilt auch Herrn Professor Dr. Christian Rolfs für die Themenanregung und die äußerst zeitnahe Erstellung des Zweitgutachtens.

Danken möchte ich darüber hinaus den Menschen, die stets an mich geglaubt und die mich auf meinem Weg bestärkt und unterstützt haben.

Gewidmet ist diese Dissertation meiner Großmutter.

Hannover, im November 2004

Marion Gusek

Inhaltsverzeichnis

Abkürzungsverzeichnis

a.A.	anderer Ansicht
a.F.	alte Fassung
Abs.	Absatz
AiB	Arbeitsrecht im Betrieb (Zeitschrift)
allg.	allgemein
Anh.	Anhang
Anm.	Anmerkung
AP	Arbeitsrechtliche Praxis (Entscheidungssammlung) Nachschlagewerk des Bundesarbeitsgerichts
APS	Ascheid/Preis/Schmidt Großkommentar zum Kündigungsrecht
ArbeitsR	Arbeitsrecht
ArbG	Arbeitsgericht
AR-Blattei SD	Arbeitsrecht-Blattei Systematische Darstellung herausgegeben von Dietrich, Thomas/ Neef, Klaus/Schwab, Brent
ArbPlSchG	Arbeitsplatzschutzgesetz
ArbR	Arbeitsrecht
ArbR-Hdb.	Arbeitsrechts-Handbuch
ArbuR	Arbeit und Recht (Zeitschrift)
ARSt	Arbeitsrecht in Stichworten
AuA	Arbeit und Arbeitsrecht (Zeitschrift)
AZR	Aktenzeichen des Bundesarbeitsgerichts
BAG	Bundesarbeitsgericht
BAT	Bundesangestelltentarifvertrag
BB	Betriebs-Berater (Zeitschrift)
BBiG	Berufsbildungsgesetz
Bd.	Band
BDSG	Bundesdatenschutzgesetz
BErzGG	Bundeserziehungsgeldgesetz
BetrVG	Betriebsverfassungsgesetz
BGB	Bürgerliches Gesetzbuch
BISchG	Bundesimmissionsschutzgesetz
BLStSozArbR	Blätter für Steuerrecht, Sozialversicherung und Arbeitsrecht (Zeitschrift)
BPersVG	Bundespersonalvertretungsgesetz
BPersVG	Bundespersonalvertretungsgesetz
BT-Drucks.	Bundestagsdrucksache
BUrlG	Bundesurlaubsgesetz

BVerfG	Bundesverfassungsgericht
BVerwG	Bundesverwaltungsgericht
bzw.	beziehungsweise
DB	Der Betrieb (Zeitschrift)
ders.	derselbe
Diss.	Dissertation
DÖV	Die öffentliche Verwaltung (Zeitschrift)
DRdA	Das Recht der Arbeit (Österreichische Zeitschrift)
DStR	Deutsche Steuer-Rundschau (51 – 61) Deutsches Steuerrecht (62 ff.) Wochenschrift für Steuerrecht, Wirtschaftsrecht und Betriebswirtschaft
DZWiR	Deutsche Zeitschrift für Wirtschafts- und Insolvenzrecht
EignungsübungsG	Eignungsübungsgesetz
ErfKomm	Erfurter Kommentar
EWG	Europäische Wirtschaftsgemeinschaft
EWiR	Entscheidungen zum Wirtschaftrecht (Zeitschrift)
EzA	Entscheidungssammlung zum Arbeitsrecht, Loseblatt herausgegeben und bearbeitet von Stahlhacke
f.	folgende
FA	Fachanwalt Arbeitsrecht (Zeitschrift)
ff.	fortfolgende
FS	Festschrift
GewO	Gewerbeordnung
GG	Grundgesetz
GK-SchwbG	Gemeinschaftskommentar zum Schwerbehindertengesetz
h. L.	herrschende Lehre
h. M.	herrschende Meinung
HAG	Heimarbeitsgesetz
HAS	Handbuch des Arbeits- und Sozialrechts herausgegeben von Weiss, Manfred / Gagel, Alexander Loseblattausgabe
HK	Handkommentar
Hrsg.	Herausgeber(in)
HzA	Handbuch zum Arbeitsrecht
i. V. m.	in Verbindung mit
InsO	Insolvenzordnung
InVo	Insolvenz & Vollstreckung (Zeitschrift)
JZ	Juristenzeitung (Zeitschrift)
KPK	Kündigungsschutzgesetz, Kölner Praxis-Kommentar herausgegeben von Sowka, Harald
KR	Gemeinschaftskommentar zum Kündigungsrecht

krit.	kritischer
KSchG	Kündigungsschutzgesetz
KTS	Zeitschrift für Insolvenzrecht (Konkurs-, Treuhand-, und Schiedsgerichtswesen)
LAG	Landesarbeitsgericht
LAGE	Entscheidung der Landesarbeitsgerichte herausgegeben von Lipke
LPVG	Landespersonalvertretungsgesetz
LPVG NW	Landespersonalvertretungsgesetz Nordrhein-Westfalen
m.	mit
MDR	Monatsschrift für Deutsches Recht (Zeitschrift)
MTV	Manteltarifvertrag
MünchArbR	Münchener Handbuch
MünchKomm	Münchener Kommentar
MuSchG	Mutterschutzgesetz
n.F.	neue Fassung
NJW	Neue Juristische Wochenzeitung
NJW-RR	NJW-Rechtsprechungsreport (Zeitschrift)
NPersVG	Niedersächsisches Personalvertretungsgesetz
Nr.	Nummer
NZA	Neue Zeitschrift für Arbeitsrecht
NZA-RR	NZA-Rechtsprechungsreport (Zeitschrift)
NZI	Neue Zeitschrift für das Recht der Insolvenz und Sanierung
RdA	Recht der Arbeit (Zeitschrift)
Reg-Begr.	Regierungsbegründung
RN	Randnummer
RzK	Rechtsprechung zum Kündigungsrecht, Loseblatt herausgegeben von Etzel, Gerhard
SAE	Sammlung Arbeitrechtlicher Entscheidungen (Zeitschrift)
SchwbG	Schwerbehindertengesetz
SGB IX	Sozialgesetzbuch IX IX Buch: Rehabilitation und Teilhabe behinderter Menschen
TVAL II	Tarifvertrag für die Arbeitnehmer bei den Stationierungs-streitkräften im Gebiet der Bundesrepublik Deutschland
TVG	Tarifvertragsgesetz
TzBfG	Teilzeit- und Befristungsgesetz
UmwG	Umwandlungsgesetz
v.	vom, von
vgl.	vergleiche
Vorbem	Vorbemerkung
VSSR	Vierteljahresschrift für Sozialrecht
WissR	Wissenschaftsrecht (Zeitschrift)

z. B.	zum Beispiel
ZfA	Zeitschrift für Arbeitsrecht
ZGR	Zeitschrift für Unternehmens- und Gesellschaftsrecht
Ziff.	Ziffer
ZInsO	Zeitschrift für das gesamte Insolvenzrecht
ZIP	Zeitschrift für Wirtschaftrecht
ZivildienstG	Zivildienstgesetz
ZTR	Zeitschrift für Tarif-, Arbeits- und Sozialrecht des öffentlichen Dienstes

Erstes Kapitel: Einleitung

Der oftmals verwendete Begriff des unkündbaren Arbeitnehmers ist trügerisch und somit irreführend. Die Unkündbarkeit führt nicht notwendigerweise dazu, dass der Arbeitsplatz auf jeden Fall erhalten bleibt.

Der Status der ordentlichen Unkündbarkeit entsteht durch einzelvertragliche Vereinbarungen, tarifvertragliche Kündigungsverbote, sowie durch gesetzliche Regelungen.

Soweit der einschlägige Tarifvertrag keine Unkündbarkeitsregelungen enthält und § 77 Abs. 3 Satz 1 BetrVG nicht entgegensteht, können derartige Regelungen auch in Form von freiwilligen Betriebsvereinbarungen vereinbart werden.

Einzelvertragliche Unkündbarkeitsvereinbarungen werden oftmals getroffen um besonders qualifizierte Arbeitnehmer gewinnen zu können oder um langjährige Mitarbeiter abzusichern. Bei der in Bezugnahme eines Tarifvertrages mit Unkündbarkeitsregeln im Arbeitsvertrag liegt ebenfalls eine einzelvertragliche Rechtsgrundlage vor. Hintergrund ist hierbei jedoch meist der Gedanke ein einheitliches Tarifsystem im Unternehmen zu haben.

Dabei wird sowohl bei den gesetzlichen Bestimmungen als auch bei den tarif- und einzelvertraglichen Vereinbarungen das Recht des Arbeitgebers zum Ausspruch einer ordentlichen betriebsbedingten Kündigung eingeschränkt. Bei dem besonderen gesetzlichen Kündigungsschutz wird für bestimmte Personengruppen entweder die ordentliche arbeitgeberseitige Kündigung für eine bestimmte Zeit ausgeschlossen oder deren Wirksamkeit von der Zustimmung einer Behörde abhängig gemacht.

Bei den absoluten gesetzlichen Kündigungsverboten betriebsverfassungsrechtlicher Mandatsträger dient der gesetzliche Ausschluss der ordentlichen Kündigung dazu, jede Störung der Betriebsratstätigkeit zu verhindern, den jeweiligen Funktionsträgern sowohl bei ihrer Wahl als auch während ihrer Amtsführung die notwendige persönliche Unabhängigkeit zu gewähren, die Funktionsfähigkeit des Gremiums zu wahren und die Kontinuität ihrer Amtsführung zu sichern.[1]

---

[1] vgl. Begründung zum Regierungsentwurf der Bundesregierung zu einem Kündigungsschutzgesetz vom 23.01.1951, abgedruckt in RdA 1951, 58 (65); vgl. Begründung zum Regierungsentwurf, BT-Drucks. VI/1786 Seite 53; BAG vom 17.02.1983, AP Nr. 14 zu § 15 KSchG 1969 (unter B IV 2); v. Hoyningen-Huene/Linck KSchG § 15 KSchG RN 1; GK-SchwbG-Schimanski § 26 RN 47; Berkowsky, Die betriebsbedingte Kündigung, § 13 RN 2, Seite 364

Gesetzliche Regelungen für den Ausschluss der ordentlichen Unkündbarkeit finden sich z. B.

- für Mitglieder eines Betriebsrats, einer Jugend- und Ausbildungsvertretung, einer Bordvertretung oder eines Seebetriebsrats in § 15 Abs. 1 KSchG, sowie in § 29a Abs. 1 HAG,
- für Mitglieder des Personalrats in § 47 BPersVG,
- für Mitglieder der Wahlvorstände in § 15 Abs. 3 KSchG, sowie in § 29a Abs. 2 HAG,
- für Auszubildende in § 15 Abs. 2 BBiG,
- für Wehrdienstleistende in § 2 Abs. 1 ArbPlSchG,
- für Arbeitnehmer während einer Eignungsübung in § 2 Abs. 1 EignungsübungsG
- für Zivildienstleistende in §§ 78 Abs. 1 Nr. 1, 15a ZivildienstG und
- für Angehörige des Bundesgrenzschutzes gilt gem. § 59 Abs. 1 BGSG das Arbeitsplatzschutzgesetz entsprechend.

Bei fehlender Zustimmung ergeben sie sich

- für Frauen während der Schwangerschaft und bis zu vier Monaten nach der Entbindung aus § 9 Abs. 1 MuSchG,
- für Eltern im Zusammenhang mit der Elternzeit aus § 18 Abs. 1 BErzGG sowie
- für die ordentliche Kündigung schwerbehinderter Menschen aus § 85 i. V. m. § 90 Abs. 1 Nr. 1 SGB IX (früher: § 15 i. V. m. § 20 Abs. 1 Nr. 1 SchwbG). Für die außerordentliche Kündigung schwerbehinderter Menschen wird gem. § 91 Abs. 1 SBG IX (früher: § 21 Abs. 1 SchwbG) ebenfalls die vorherige Zustimmung des Integrationsamtes angeordnet.

Vertrauenspersonen der schwerbehinderten Menschen genießen einen Schutz gem. § 96 Abs. 3 SGB IX sowie Immissionsschutzbeauftragte aus § 58 Abs. 2 BISchG.

Datenschutzbeauftragte genießen einen gewissen Schutz aus § 4f Abs. 3 Satz 4 BDSG, der am 23.05.2001 den § 36 Abs. 3 Satz 4 BDSG abgelöst hat.[2] Der besondere Kündigungsschutz für Datenschutzbeauftragte gem. Abs. 3 Satz 4 BDSG ist umstritten.[3] Die größtenteils vertretene Ansicht, Abs. 3 Satz 4 BDSG schließe die ordentliche Kündigung eines betrieblichen Datenschutzbeauftragten generell aus, trifft auf durchgreifende Bedenken. Dabei werden Gründe aus dem Bereich der Amtsführung und andere Gründe, die keinen

---

2 BGBl I (2001) Seite 904 (Bundesgesetzblatt Teil I vom 22.05.2001)

3 Ehrich, NZA 1993, 248 (249 ff.); Rudolf, NZA 1996, 296, 301

Bezug zur Amtstätigkeit haben, wie z. B. Krankheit, ebenso unterschieden und mit unterschiedlichen Ergebnissen diskutiert, wie eine Unterscheidung und entsprechende Diskussion in Bezug auf eine haupt- oder nebenamtliche Tätigkeit als Datenschutzbeauftragter und dem daraus resultierenden Kündigungsschutz aus Abs. 3 Satz 4 BDSG. Einigkeit besteht nur insoweit, als ein besonderer Kündigungsschutz aus § 36 Abs. 3 Satz 4 BDSG, nunmehr § 4f Abs. 4 Satz 4 BDSG durch Ausschluss der ordentlichen Kündigung im Bereich von Gründen besteht, die im Zusammenhang mit der Tätigkeit als hauptamtlicher Datenschutzbeauftragter stehen.

Einen besonderen Kündigungsschutz haben auch Inhaber von Bergmannsversorgungsscheinen, der in den einzelnen Bundesländern unterschiedlich ausgestaltet ist,[4] Abgeordnete aus Art. 48 Abs. 2 GG[5] und freiwillige Helfer im Zivil- und Katastrophenschutz.[6]

Ein befristeter Arbeitsvertrag[7] schließt grundsätzlich die ordentliche Kündigung aus, dieses war für Arbeitsverhältnisse zunächst in § 620 Abs. 1 BGB geregelt und ergibt sich seit dem 01.01.2001 aus § 15 Abs. 1 TzBfG[8]. Dabei eröffnet § 15 Abs. 3 TzBfG die Möglichkeit der ordentlichen Kündigung, soweit einzelvertraglich oder im anwendbaren Tarifvertrag keine anderen Vereinbarungen getroffen wurden.[9] Die Vereinbarung einer ordentlichen Kündigungsmöglichkeit muss dabei allerdings hinreichend klar getroffen werden damit sie Gültigkeit erlangt.[10] Dabei kann jedoch die Kündigungsmöglichkeit auch nur einseitig für den Arbeitgeber oder Arbeitnehmer vereinbart werden. Eine entsprechende Regelung, die wie § 622 Abs. 6 BGB unterschiedliche Kündigungsvereinbarungen verbieten, gibt es hier nicht.[11]

Sämtliche, ohne den Anspruch auf Vollständigkeit, aufgezeigten Schutzbestimmungen gelten nur für Kündigungen durch den Arbeitgeber. Erfasst durch diese Schutzbestimmungen werden alle Kündigungen, auch vorsorgliche Kündigungen oder Änderungskündigungen. Kündigungen seitens des Arbeitnehmers sind grundsätzlich frei von derartigen Beschränkungen. Andere Beendigungsformen,

---

4 siehe dazu: MünchKomm-Schwerdtner § 622 Anh. BGB RN 793 ff.
5 siehe dazu: MünchKomm-Schwerdtner § 622 Anh. BGB RN 799 ff.
6 siehe dazu: MünchKomm-Schwerdtner § 622 Anh. BGB RN 802
7 zur Zulässigkeit der Befristung von Arbeitsverhältnissen siehe dazu grundlegend: Lipke in KR(7. Auflage) § 14 TzBfG
8 KR(7. Auflage)-Lipke § 15 TzBfG RN 20
9 KR(7. Auflage)-Lipke § 15 TzBfG RN 20a; Rolfs, Teilzeit- und Befristungsgesetz, § 15 RN 21; Boewer, Teilzeit- und Befristungsgesetz, § 15 RN 41
10 KR(7. Auflage)-Lipke § 15 TzBfG RN 21a; BAG vom 25.02.1998, AP Nr. 195 zu § 620 BGB Befristeter Arbeitsvertrag
11 Stahlhacke-Preis, 8. Auflage 2002, RN 124; a.A.: ArbR BGB-Dörner, § 620 BGB RN 278

die das Arbeitsverhältnis nicht durch Kündigung sondern z. B. aufgrund von Zeitablauf eines befristeten Vertrages oder aufgrund einer Anfechtung enden lassen, unterliegen ebenfalls nicht den angesprochenen Kündigungsbeschränkungen.

Sämtliche Kündigungsbeschränkungen finden grundsätzlich nebeneinander Anwendung. Ein tarifvertraglich unkündbarer Arbeitnehmer kann sich als schwerbehinderter Mensch, neben den tarifvertraglichen Regeln, ebenso auf die Kündigungsbeschränkungen aus dem SGB IX berufen, wie auf die Schutzbestimmungen aufgrund seiner Tätigkeit als Betriebsratsmitglied. Auch wenn eine Kündigung trotz der einen Schutzbestimmung als zulässig einzustufen ist, kann sie nach den anderen Kündigungsbeschränkungen unzulässig sein und damit ist die Kündigung insgesamt als rechtswidrig zu betrachten.[12]

Die Zuständigkeiten der Gerichte in Bezug auf die Kündigungsbeschränkungen sind unterschiedlich geregelt. Streitigkeiten im Zusammenhang auf das Zustimmungserfordernis aus dem MuSchG oder aus dem SGB IX werden vor den Verwaltungsgerichten ausgetragen, der Kündigungsstreit wird vor den Arbeitsgerichten entschieden. Dabei liegt es im Ermessen der Arbeitsgerichte[13], das Verfahren bis zur Entscheidung des Verwaltungsgerichts auszusetzen, sofern die Entscheidung von der Wirksamkeit einer Zustimmung abhängt.[14]

Eine Tarifauswertung des Bundesministers für Arbeit und Soziales hat ergeben, dass für über 50% der von Tarifverträgen erfassten Arbeitnehmer die ordentliche Kündigung ganz oder teilweise durch Tarifvertrag ausgeschlossen ist. Die tarifvertraglichen Voraussetzungen in Bezug auf Lebensalter und Dauer der Betriebszugehörigkeit werden dabei sehr unterschiedlich kombiniert. Die verschiedenen tariflichen Unkündbarkeitsregelungen finden bei einem Lebensalter zwischen 40 bis 55 Jahren und einer Betriebszugehörigkeit zwischen 3 bis 20 Jahren Anwendung.[15] So fordert § 53 Abs. 3 BAT die Vollendung des 40. Lebensjahres und 15 Beschäftigungsjahre, während gem. § 4.4 MTV der Metallindustrie Nordwürttemberg/Nordbaden bereits 3 Jahre Betriebszugehörigkeit bei einer Vollendung des 53. Lebensjahres als Voraussetzung für eine tarifvertragliche Unkündbarkeit ausreichend sind.

Die vorliegende Arbeit geht vorwiegend auf den tarifvertraglichen Ausschluss der ordentlichen Unkündbarkeit und den damit verbundenen Problemen ein. Traditionell werden in Tarifverträgen gekoppelt an Lebensalter und Betriebszu-

---

[12] Staudinger(13. Auflage)-Neumann Vorbem zu §§ 620 ff. RN 177
[13] BAG vom 20.01.2000, EzA § 1 KSchG Krankheit Nr. 47 (B. I)
[14] Staudinger(13. Auflage)-Neumann Vorbem §§ 620 ff. RN 178
[15] Halbach/Paland/Schwedes/Wotzke, Übersicht über das Arbeitsrecht, Nr. 2/365, Nr. 2/478

gehörigkeit die Voraussetzungen für die tarifvertragliche Unkündbarkeit definiert. Teilweise wird in der neueren Zeit auch ein befristeter Verzicht auf den Ausspruch von Kündigungen über Lohnverzicht aller Mitarbeiter unter Erreichung eines befristeten Kündigungsschutzes sämtlicher Arbeitnehmer erreicht. Wobei das Bundesarbeitsgericht derartige Bündnisse für Arbeit als grundsätzlich unzulässig erklärt hat.[16]

Während die gesetzlichen Regeln der Unkündbarkeit meist nur einen überschaubaren Zeitraum beinhalten und von vorübergehender Dauer sind, wie z. B. die Betriebsratsmitgliedschaft oder die Dauer der Elternzeit, liegen die traditionellen tarifvertraglichen Unkündbarkeitsvereinbarungen bis zum Eintritt in den Ruhestand vor. Dabei werfen die gesetzlichen Unkündbarkeitsregeln eine Reihe von Problemen auf, die in großen Teilen denen der tarifvertraglich unkündbaren Arbeitnehmer gleichen. Aufgrund der Vielzahl der im tarifvertraglichem Kündigungsschutz erfassten Arbeitnehmer, ihrer langandauernden Zeit während der Berufstätigkeit und der Tatsache, dass sie meist nicht durch Zeitablauf beendet werden, haben die Regeln des tarifvertraglichen Kündigungsausschlusses eine größere praktische Bedeutung. Bei den tarifvertraglichen Unkündbarkeitsregeln ist jedoch stets durch Auslegung zu ermitteln, ob durch die Tarifvereinbarung die Möglichkeit des Arbeitgebers zum Ausspruch einer ordentlichen betriebsbedingten Kündigung vollständig ausgeschlossen werden soll, oder ob das Recht zur ordentlichen Kündigung unter bestimmten, über die Anforderungen des § 1 Abs. 2 KSchG hinausgehenden, Voraussetzungen weiterhin erhalten bleiben soll.[17]

Aufgrund der vom Gesetzgeber heutzutage in vielen Bereichen geschaffenen Mindestarbeitsbedingungen wird der Gestaltungsspielraum in Tarifverträgen eingeengt. Nach traditionellem Verständnis kam es in Tarifverträgen zu einer Absicherung von arbeitsrechtlichen Mindeststandards.[18] Diese führten zur Attraktivität des Tarifvertrages und bildeten ein wesentliches Motiv für den Gewerkschaftsbeitritt. Die gesetzlichen Regelungen für die Entgeltfortzahlung im Krankheitsfall sowie das Urlaubsrecht liefern Beispiele für den schleichenden Bedeutungsverlust des Tarifvertrages als ursprüngliches Instrument der Absicherung von Mindestarbeitsbedingungen. Die Bereiche Arbeitsentgelt, Arbeitszeit und tarifvertraglicher Kündigungsschutz lassen den Tarifvertragsparteien noch Raum in ihrem traditionellen Betätigungsfeld der Mindestarbeitsbedingungen tätig zu werden.

---

[16] BAG vom 20.04.1999, EzA Art 9 GG Nr. 65

[17] vgl. dazu: BAG vom 08.08.1985, AP Nr. 10 zu § 1 KSchG 1969 Soziale Auswahl

[18] Hueck/Nipperdey, Lehrbuch des Arbeitsrechts, Band II/1, § 13 VII 2 c, Seite 233

Der Kündigungsschutz in der tariflichen Praxis unterliegt im Grundsatz zwei Regelungsanliegen. Aufgrund der Öffnungsklausel des § 622 Abs. 4 BGB wird zum Einen, im Bereich der Kündigungsfristen, eine abweichende Vereinbarung zu den gesetzlichen Vorgaben in § 622 Abs. 1 bis Abs. 3 BGB getroffen. Des Weiteren findet sich ein zentrales Regelungspotential der Tarifvertragsparteien in dem über den gesetzlichen Bestandsschutz hinausgehenden Kündigungsschutz zu Gunsten der Arbeitnehmer. Hauptregelungsfall in diesem Zusammenhang ist das durch tarifliche Vereinbarung ausgeschlossene Recht der ordentlichen Kündigung aufgrund einer Kombination von Lebensalter und Betriebszugehörigkeit. Neben diesem zeitlich unbegrenzten Schutz einer begrenzten Arbeitnehmergruppe lassen sich auch zeitlich befristete Regelungen, dann meist jedoch aller Arbeitnehmer, finden. Zu Gunsten einer Absenkung der tarifvertraglichen Vergütung, bei entsprechender Öffnungsklausel, wird der Ausspruch betriebsbedingter ordentlicher Kündigungen ausgeschlossen.

Neben diesen großen tariflichen Regelungsanliegen im Bereich des Kündigungsschutzes finden sich in Tarifverträgen auch das Schriftformerfordernis bei Beendigungen von Arbeitsverhältnissen, das jedoch nur noch dort Bedeutung findet, wo es über § 623 BGB hinaus entsprechend der Regelung des § 15 Abs. 3 BBiG und der Regelung des § 9 Abs. 3 Satz 3 MuSchG eine Mitteilung der Kündigungsgründe oder sonstige, weitergehende Regelungen verlangt. Das Erfordernis der Schriftform bei Befristungen von Arbeitsverträgen ist bereits gesetzlich in § 14 Abs. 4 TzBfG geregelt.

Ein weiterer Regelungsinhalt findet sich in tariflichen Bestimmungen, die nicht lediglich die Anhörung des Betriebsrates entsprechend § 102 Abs. 1 BetrVG, sondern seine Zustimmung zur Kündigung vorschreibt.[19] Die Mitwirkungsrechte des Betriebsrates können durch Tarifvertrag erweitert werden.[20] Die grundrechtliche Vereinbarkeit einer solchen Regelung mit Art. 12 und 14 GG wurde vom Bundesarbeitsgericht bejaht.[21]

Zündstoff findet sich überall dort, wo tarifvertragliche Regelungen mit einfachgesetzlichen Normen divergieren. So findet sich im Bereich der außerordentlichen Kündigung gem. § 626 Abs. 1 BGB ein Abwägungserfordernis, ob nicht ein Abwarten bis zum Ablauf der Kündigungsfrist zugemutet werden kann. Tarifliche Unkündbarkeitsregelungen schließen gerade die ordentliche Kündigung aus, mit der Folge, dass der ordentlich unkündbare Arbeitnehmer grund-

---

19 KR(7. Auflage)-Etzel § 102 BetrVG RN 244

20 KR(7. Auflage)-Etzel § 102 BetrVG RN 244; Bösche, Die Rechte des Betriebsrates bei Kündigungen, RN 269, Seite 181; Fitting/Kaiser/Heither/Engels/Schmidt, BetrVG, § 102 RN 132; a. A.: Richardi, BetrVG, § 102 RN 305

21 BAG vom 21.06.2000, NZA 2001, 271 (273 f.)

sätzlich keiner ordentlichen Kündigungsfrist unterliegt und das Arbeitsverhältnis erst mit erreichen der Altersruhezeit endet. Durch diesen Ausschluss der ordentlichen Kündigung drängt sich das Problem auf, ein ordentlich unkündbarer Arbeitnehmer sei möglicherweise leichter außerordentlich zu kündigen als ein ordentlich kündbarer Arbeitnehmer, der grundsätzlich einer ordentlichen Kündigungsfrist unterliegt. Die hier entstehenden Integrationsprobleme in Bezug auf das Abwägungserfordernis des § 626 Abs. 1 BGB im Rahmen der Zumutbarkeit des Abwartens der (Beendigungs-)Frist sind nur schwer zu lösen. Aber auch das Verhältnis der Sozialauswahl gem. § 1 Abs. 3 Satz 1 KSchG bei betriebsbedingten Kündigungen zu den tariflichen Regelungen der unkündbaren Arbeitnehmer im Sinne des Tarifvertrages, bietet ein interessantes Spannungsfeld.

Zweites Kapitel: Kündigung und Kündigungsschutz – sowie Möglichkeiten und Grenzen des Kündigungsausschlusses

Der Begriff des unkündbaren Arbeitnehmers beinhaltet oftmals die Vorstellung, eine Beendigung des Arbeitsverhältnisses sei unter keinen Umständen mehr möglich. Diese laienhafte Vorstellung kann trügerisch sein. Daher soll zunächst allgemein der Versuch gewagt werden, darzustellen inwieweit eine Kündigung tatsächlich ausgeschlossen werden kann, wie die Kündigung von anderen Beendigungsarten abgegrenzt werden kann, um sodann in den folgenden Kapiteln die Beendigung der Arbeitsverhältnisse der Unkündbaren näher darzustellen.

A. Die Kündigung und der Kündigungsschutz im Allgemeinen

Die Kündigung ist eine einseitige empfangsbedürftige Willenserklärung.[22] Durch die Kündigung wird nach dem Willen des Kündigenden das Arbeitsverhältnis der Vertragsparteien für die Zukunft sofort oder nach Ablauf der Kündigungsfrist beendet. Es wird also differenziert zwischen der ordentlichen Kündigung, die grundsätzlich mit der Einhaltung einer Kündigungsfrist einhergeht, sieht man einmal von § 15 Abs. 1 BBiG ab, und der außerordentlichen Kündigung, die gem. § 626 BGB die Beendigung des Arbeitsverhältnisses ohne Einhaltung einer Frist ermöglicht.

Abzugrenzen ist die Kündigung von verwandten Maßnahmen wie, der Abmahnung, der Betriebsbuße, dem Direktionsrecht, der Nichtfortsetzungserklärung nach § 12 Abs. 1 KSchG, der Suspendierung, d. h. dem vollständigen oder teilweisem Ruhen des Arbeitsverhältnisses und der Beendigung eines fehlerhaften – faktischen – Arbeitsverhältnisses. Eine Abgrenzung muss im Einzelfall ebenfalls bei den sonstigen Beendigungstatbeständen erfolgen, wie hier genannt werden können, der Aufhebungsvertrag, die Beendigung aufgrund eines befristeten Arbeitsvertrages oder einer auflösenden Bedingung, die Nichtigkeit oder Anfechtung des Arbeitsverhältnisses, dem Rücktritt, sowie dem Wegfall der Geschäftsgrundlage. Diese Abgrenzungen sind im Einzelfall erforderlich, da bei den abzugrenzenden Maßnahmen der Kündigungsschutz nicht greift, seine Voraussetzungen nicht geprüft werden müssen und ein Auseinandergehen der Parteien oftmals wesentlich vereinfacht wird.

---

22 KR(7. Auflage)-Fischermeier § 626 BGB RN 23: KR(7. Auflage)-Etzel § 1 KSchG RN 151

Von Schwerdtner[23] wird das Kündigungsschutzrecht als das „Nervensystem" des Arbeitsrechts umschrieben. Der Kündigungsschutz rührt aus den verschiedensten Gesetzen her. Es werden Unterscheidungen zwischen dem kollektiven Bestandsschutz aus dem BetrVG und Personalvertretungsgesetz, dem individuellen Bestandsschutz des KSchG und dem Kündigungsschutz aus Sondergesetzten getroffen.

Der Kündigungsschutz aus dem bürgerlichen Recht ist in den §§ 242,[24] 134, 138 Abs. 1,[25] 612a, 613a Abs. 4 BGB geregelt. Zur letztgenannten Norm tritt § 323 UmwG hinzu. Insbesondere die §§ 242, 134, 138 Abs. 1 BGB erfassen sämtliche Arbeitnehmer, unabhängig davon, ob sie sich noch in den ersten 6 Monaten ihres Arbeitsverhältnisses befinden, die Voraussetzungen des § 23 Abs. 1 Satz 2 KSchG vorliegen und auch ansonsten keinerlei Schutz aus Sonderregelungen, wie das MuSchG oder dem SGB IX besteht. Dieser Schutz ist jedoch letztendlich recht gering und führt in einem Kündigungsschutzverfahren selten zum gewünschten Erfolg,[26] die Kündigung für rechtswidrig zu erklären. Ein stärkerer Schutz bietet hier schon das BetrVG bzw. die Personalvertretungsgesetze, ohne eine entsprechende ordnungsgemäße Beteiligung der Betriebs- bzw. Personalräte ist die Kündigung unwirksam. Für den Bereich der Betriebsräte wird dieses in § 102 Abs. 1 Satz 3 BetrVG gesetzlich normiert. Voraussetzung ist hier jedoch bereits, dass ein entsprechender Betriebsrat existent ist.

Sobald der Mitarbeiter länger als 6 Monate in einem Arbeitsverhältnis steht und mehr als 5 Arbeitnehmer dort tätig sind, gibt, für den Bereich der ordentlichen Kündigung, das Kündigungsschutzgesetz einen nicht zu unterschätzenden Bestandsschutz. Für die außerordentliche Kündigung ist stets ein wichtiger Grund gem. § 626 Abs. 1 BGB erforderlich, sowie die Beachtung der zweiwöchigen Ausschlussfrist des § 626 Abs. 2 BGB.[27]

Bestandsschutzvorschriften sind stets nebeneinander anwendbar, sofern die einzelnen Voraussetzungen vorliegen. Das Nichtvorliegen der Voraussetzungen der einen Bestandsschutzvorschrift hindert nicht daran, dass die Kündigung aus einer anderen gegebenen Bestandsschutzvorschrift für unwirksam zu erklären ist.

---

23 MünchKomm-Schwerdtner § 622 Anh. BGB RN 1

24 BVerfGE vom 27.01.1998, EzA § 23 KSchG Nr. 17

25 BVerfGE vom 27.01.1998, EzA § 23 KSchG Nr. 17

26 BAG vom 21.02.2001, EzA § 242 BGB Kündigung Nr. 1 = AP Nr. 12 zu § 242 BGB Kündigung; BAG vom 25.04.2001, EzA § 242 BGB Kündigung Nr. 4 = AP Nr. 14 zu § 242 BGB Kündigung; BAG vom 06.02.2003 - 2 AZR 672/01, Pressemitteilung des BAG Nr. 7/03

27 Wenzel, MDR 1977, 986

Auch eine Reihe von gesetzlichen Sonderegelungen bieten einen respektablen Bestandsschutz. Die Wichtigsten bilden hier das MuSchG für Schwangere und Mütter in den ersten vier Monaten nach der Entbindung, das BErzGG für die Elternzeit, sowie das SGB IX für behinderte Menschen. Eine umfassendere Aufzeichnung findet sich bei Schwerdtner.[28] Mit dem zum 01.05.2004 neu eingeführten § 90 Abs. 2a SGB IX, wurde jedoch die grundsätzliche Anwendbarkeit des Sonderkündigungsschutzes für schwerbehinderte Menschen derart eingeschränkt, dass die Vorschriften keine Anwendung finden, wenn zum Zeitpunkt der Kündigung die Eigenschaft als schwerbehinderter Mensch nicht nachgewiesen ist, oder das Versorgungsamt nach Ablauf der Frist des § 69 Abs. 1 Satz 2 SGB IX eine Feststellung wegen fehlender Mitwirkung nicht treffen konnte. Zahlreiche weitere Bestandsschutzregeln finden sich auch in Betriebsvereinbarungen, Tarifverträgen und Einzelarbeitsverträgen.

Insbesondere in Tarifverträgen wird die Kündigung für ältere Arbeitnehmer mit einer gewissen Zugehörigkeit zum Unternehmen ausgeschlossen. Während aufgrund der gesetzlichen Sonderregelungen die Kündigung nur für einen gewissen Zeitraum ausgeschlossen ist, erfolgt der Ausschluss im Tarifvertrag meist bis zum Eintritt in das Rentenalter. Er ist daher besonders stark und erschwert dem Arbeitgeber, aufgrund von gewaltigen, nicht überwindbaren Hürden, eine Kündigung des geschützten Arbeitnehmers erheblich. Man spricht von den altersgesicherten Arbeitnehmern, dem unkündbaren Mitarbeiter. Inwieweit die ordentliche und/oder außerordentliche Kündigung einzelvertraglich oder tarifvertraglich ausgeschlossen oder erschwert werden dürfen, ist daher ein zu klärendes Thema bei der Frage der Kündigung der Unkündbaren.

B. Der Ausschluss der ordentlichen Kündigung

Die ordentliche Kündigung vermag grundsätzlich ausgeschlossen werden.[29] Dieses ergibt sich bereits aus § 624 BGB, bzw. seit Inkrafttreten des TzBfG am 01.01.2001 aus § 15 Abs. 4 TzBfG, der für den Bereich der Arbeitsverhältnisse § 624 BGB ersetzt hat, dessen Anwendung sich nunmehr auf Dienstverträge beschränkt.[30] Das einseitig zwingende gesetzliche Kündigungsrecht kann zu Gunsten der Mitarbeiter verbessert werden. Aus diesem Grunde, so führt unter

[28] MünchKomm-Schwerdtner § 622 Anh. BGB RN 8
[29] Schaub/Linck ArbR-Hdb. § 125 RN 15
[30] KR(7. Auflage)-Lipke § 15 TzBfG RN 24; Boewer, Teilzeit- und Befristungsgesetz, § 15 RN 47; ErfKomm-Müller-Glöge § 624 BGB RN 1

anderem auch Preis[31] aus, ist der tarifvertragliche Ausschluss der ordentlichen Kündigung zulässig.

In Tarifverträgen ist es oftmals üblich, die ordentliche Kündigung für ältere Arbeitnehmer, meist gekoppelt an eine langjährige Betriebszugehörigkeit, auszuschließen oder zu beschränken. Der Begriff altersgesicherter Arbeitnehmer wird daher gelegentlich verwendet. Oftmals wird hier auch vom unkündbaren Arbeitnehmer gesprochen.

Rationalisierungsabkommen werden zur Vermeidung betriebsbedingter Kündigung abgeschlossen. In diesen Tarifverträgen wird die zeitlich befristete Vermeidung von betriebsbedingten Beendigungen der Arbeitsverhältnisse an einen teilweisen Lohnverzicht der Arbeitnehmer gekoppelt.

C. Die zwingende Natur des außerordentlichen Kündigungsrechts

Der vielfach verwandte Begriff des unkündbaren Arbeitnehmers ist jedoch trügerisch und daher irreführend. Denn die außerordentliche Kündigung ist nach fast einhelliger allgemeiner Auffassung[32] unabdingbar, von zwingender Natur[33] und kann weder einzel- noch kollektivvertraglich ausgeschlossen werden.[34] Auch dem Gesetzgeber steht nicht die Möglichkeit zu, das Recht zur außerordentlichen Kündigung vollständig aufzuheben.[35] Lediglich ein zeitweiliger Ausschluss der außerordentlichen Kündigung kann ausnahmsweise durch den Gesetzgeber erfolgen. Beispielhaft sind hier § 9 Abs. 1 MuSchG, § 18 Abs. 1 und Abs. 2 BErzGG sowie § 91 Abs. 1 SGB IX.

---

31 Preis/Hamacher, FS-Arbeitsgerichtsbarkeit Rheinland-Pfalz, Seite 247

32 MünchKomm-Schwerdtner § 626 BGB RN 65; Staudinger(13. Auflage)-Preis § 626 BGB RN 38; Staudinger(12. Auflage)-Neumann § 626 BGB RN 12; Preis/Hamacher, FS-Arbeitsgerichtsbarkeit Rheinland-Pfalz ,Seite 255; HK-KSchG-Dorndorf § 13 KSchG RN 10; Bader/Bram/Dörner/Wenzel-Bader § 626 BGB RN 15: APS-Dörner § 626 BGB RN 7; Löwisch, DB 1998, 880; ErfKomm-Müller-Glöge § 626 BGB RN 234; Schleusener, SAE 1998, 219: Zöllner/Loritz Arbeitsrecht § 22 Anm. III 5, Seite 287; a. A. Gamillscheg, AuR 1981, 105 ff.

33 Hueck/Nipperdey, Lehrbuch des Arbeitsrechts, Band 1, § 59 VII, Seite 595

34 BAG vom 06.11.1956, AP Nr. 14 zu § 626 BGB; Schaub/Linck ArbR-Hdb. § 125 RN 15; Erman(10. Auflage)-Belling § 626 BGB RN 18; KR(7. Auflage)-Fischermeier § 626 BGB RN 57; ErfKomm-Müller-Glöge § 626 BGB RN 234; Popp, HAS § 19 B, RN 126 ff.; BAG vom 05.02.1998, EzA § 626 BGB Unkündbarkeit Nr. 2

35 Erman(10. Auflage)-Belling § 626 BGB RN 18; Zöllner/Loritz Arbeitsrecht § 22 Anm. III 5, Seite 288; Staudinger(13. Auflage)-Preis § 626 BGB RN 40; Preis, Prinzipien des Kündigungsrechts bei Arbeitsverhältnissen, Seite 65

Die Unabdingbarkeit der außerordentlichen Kündigung gilt auch für die in § 626 Abs. 2 BGB geregelte Ausschlussfrist.[36] Es handelt sich bei der Ausschlussfrist um eine zwingende gesetzliche Vorschrift.[37] Ein Ausschluss oder eine Abänderung der Ausschlussfrist ist auch durch eine tarifvertragliche Regelung nicht möglich.[38]

Eine Bindung der Vertragsparteien über das Maß des Zulässigen hinaus darf von der Rechtsordnung nicht zugelassen werden.[39] Lediglich von Gamillscheg[40] wird hingegen vertreten, § 626 BGB habe wegen des arbeitsrechtlichen Schutzprinzips nur zwingenden Charakter zu Gunsten des Arbeitnehmers. Die These vom beiderseitigen zwingenden Charakter gehöre in das Reich der Fabel. Die von der fast einhelligen Auffassung angenommenen zwingenden Natur des § 626 BGB auf beiden Seiten, Arbeitnehmer- und Arbeitgeberseite, verstoße gegen das im Grundgesetz verankerte Günstigkeitsprinzip in Art. 9 Abs. 3 GG.[41]

Der Auffassung von Gamillscheg wird von Fischermeier[42] unter Hinweis auf Oetker[43] entgegengehalten, dass auch dem Arbeitgeber nichts Unzumutbares zugemutet werden darf. Für das Privat- und Tarifrecht stehe Art. 2 und 12 GG dem vermeintlichen Günstigkeitsprinzip entgegen.

Die Begründungen für die Unabdingbarkeit der außerordentlichen Kündigung innerhalb der ganz herrschenden Auffassung in Rechtsprechung und Literatur setzen auf unterschiedlichen Ebenen an. Neumann[44] führt aus, dass das besondere außerordentliche Kündigungsrecht dem Dauerschuldverhältnis immanent sei. Aus dem das gesamte Recht beherrschenden Grundsatz von Treu und Glauben wird teilweise auch das Recht zur außerordentlichen Kündigung im Arbeitsrecht

---

36 Staudinger(13. Auflage)-Preis § 626 BGB RN 38; Stahlhacke-Preis, 8. Auflage 2002, RN 831; BAG vom 12.04.1978, AP Nr. 13 zu § 626 BGB Ausschlussfrist; Wenzel, MDR 1977, 986

37 ErfKomm-Müller-Glöge § 626 BGB RN 280; BAG vom 12.02.1973, AP Nr. 6 zu § 626 BGB Ausschlussfrist

38 BAG vom 19.01.1973, AP Nr. 5 zu § 626 BGB Ausschlussfrist; BAG vom 12.04.1978, AP Nr. 13 zu § 626 BGB Ausschlussfrist

39 Oetker, Das Dauerschuldverhältnis und seine Beendigung, Seite 455 ff.; MünchArbR-Wank § 120 RN 24; BAG vom 08.08.1963, AP Nr. 2 zu § 626 BGB Kündigungserschwerung; BAG vom 19.12.1974, AP Nr. 3 zu § 620 BGB Bedingung

40 Gamillscheg, ArbuR 1981, 105 ff.

41 Meinung jedoch insoweit zwischenzeitlich aufgegeben: Bader/Bram/Dörner/Wenzel-Bader § 626 BGB RN 16

42 KR(7. Auflage)-Fischermeier § 626 BGB RN 58

43 Oetker, RdA 1997, 12; vgl. vor allem BAG vom 05.02.1998, EzA § 626 BGB Unkündbarkeit Nr. 2

44 Staudinger(12. Auflage)-Neumann § 626 BGB RN 12

hergeleitet.[45] Von Schwerdtner[46] wird darauf hingewiesen, dass auch im Gesellschaftsrecht nach ganz einhelliger Auffassung das Recht zur außerordentlichen Kündigung weder durch eine Satzung noch durch eine Übereinkunft im Anstellungsvertrag ausgeschlossen oder eingeschränkt werden kann.

Die außerordentliche Kündigung, so wird ferner vertreten, bildet einen Sonderfall des Wegfalls der Geschäftsgrundlage.[47] Des Weiteren wird ausgeführt, ein Ausschluss des Rechts zur außerordentlichen Kündigung würde zu einer unerträglichen Einschränkung des Rechts des Arbeitnehmers führen. Arbeitnehmern und aus Paritätsgründen auch dem Arbeitgeber müsse daher das Recht zur außerordentlichen Kündigung möglich sein. Es können stets unvorhersehbare Umstände eintreten, die die Grundlage des Vertrages erschüttern und die sofortige Beendigung des Arbeitsverhältnisses erfordern, wolle man nicht das Interesse einer der Vertragsparteien in unbilliger Weise schädigen.[48]

Nach der h. M. ergibt sich die Unabdingbarkeit sogar aus verfassungsrechtlichen Gründen. Selbst der gesetzliche Ausschluss würde gegen Art. 1 Abs. 1, Art. 2 Abs. 1 und Art. 12 Abs.°1 GG verstoßen.[49] Papier[50] spricht hier sogar von einer verfassungsrechtlichen Gewährleistung der außerordentlichen Kündigung. Jedes Dauerschuldverhältnis ist nach der h. M. im Grundsatz auch ohne eine entsprechende gesetzliche oder vertragliche Grundlage vorzeitig aus wichtigem Grund kündbar.[51] Keiner Vertragspartei, auch nicht auf Arbeitgeberseite, kann von Rechts wegen etwas Unzumutbares zugemutet werden. Beispielhaft wird hier von Preis[52] die nachhaltige vorsätzliche und vielleicht sogar sittenwidrige Schädigung des Arbeitgebers durch den Arbeitnehmer angeführt. Die Rechtsordnung würde, sofern unverzüglich oder später keine Beendigung möglich sei, ohne Rücksicht auf die besonderen Umstände Arbeitgeber und Arbeitnehmer aneinander ketten, ohne dass der Schutzzweck der Norm dafür eine hinreichende Legitimation geben könnte.

---

45 Popp, HAS § 19 B, RN 85; König, RdA 1969, 12 f.; BAG vom 03.11.1955, AP Nr. 4 zu § 626 BGB

46 MünchKomm-Schwerdtner § 626 BGB RN 65

47 Herschel, FS-Müller, Seite 191 (199); Preis, Prinzipien des Kündigungsrechts bei Arbeitsverhältnissen, Seite 476; Erman(9. Auflage)-Hanau § 626 BGB RN 6

48 Hueck/Nipperdey, Lehrbuch des Arbeitsrechts, Band 1, § 59 VII 1, Seite 595 f.

49 Staudinger(13. Auflage)-Preis § 626 BGB RN 40; Preis, Prinzipien des Kündigungsrechts bei Arbeitsverhältnissen, Seite 59 ff.; Schleusener, SAE 1998, 219

50 Papier, RdA 1989, 137, 140, vgl. auch BAG vom 05.02.1998, EzA § 626 BGB Unkündbarkeit Nr. 2

51 MünchKomm-Schwerdtner § 626 BGB RN 1; Preis, Prinzipien des Kündigungsrechts bei Arbeitsverhältnissen, Seite 175; ErfKomm-Müller-Glöge § 626 BGB RN 1

52 Preis, Prinzipien des Kündigungsrechts bei Arbeitsverhältnissen, Seite 65

I. Möglichkeit und Grenzen eines Ausschlusses und vorherigen Verzichtes auf eine außerordentliche Kündigung, sowie die Verpflichtung zum Ausspruch im Nachhinein

Auf das Recht zur außerordentlichen Kündigung kann auch nicht im Voraus durch vertragliche Vereinbarungen verzichtet werden. Ein derartiger Verzicht würde eine unzulässige Umgehung der zwingenden Natur der außerordentlichen Kündigung darstellen.[53] Andererseits kann nach Eintritt des Kündigungsgrundes auf die Ausübung des Kündigungsrechts verzichtet werden bzw. es wird von der außerordentlichen Kündigung kein Gebrauch gemacht, obwohl die Voraussetzungen im Grundsatz gegeben sind. Eine Verpflichtung zum Ausspruch einer außerordentlichen Kündigung im Nachhinein, nach Vorliegen der Kündigungsgründe, besteht nicht.

Der Ausschluss der außerordentlichen Kündigung im Vorhinein ist daher rechtsunwirksam.[54] Die tariflichen Unkündbarkeitsregeln können daher nur die ordentliche, nicht jedoch die außerordentliche Kündigung betreffen.[55] Die außerordentliche Kündigung ist als unverzichtbares Freiheitsrecht für beide Vertragsparteien zwingend und unabdingbar. Auch im unkündbaren Arbeitsverhältnis bleibt das Recht zur außerordentlichen Kündigung bestehen.[56]

Entsprechendes gilt auch im Bereich der gesetzlichen Unkündbarkeit. Nach §°15 Abs.°1°KSchG wird die außerordentliche Kündigung ebenfalls nicht ausgeschlossen. Sie erhält lediglich eine weitere Hürde und bedarf der Zustimmung des Betriebsrates.

II. Beschränkung und Erschwerung der außerordentlichen Kündigung

Eine Kündigungsbeschränkung bzw. die Kündigungserschwerung kann aufgrund des zwingenden und unabdingbaren Charakters der außerordentlichen

---

53 Staudinger(12. Auflage)-Neumann § 626 BGB RN 13

54 KR(7. Auflage)-Fischermeier § 626 BGB RN 57

55 ErfKomm-Müller-Glöge § 626 BGB RN 235; BAG vom 05.02.1998, AP Nr. 143 zu § 626 BGB

56 BAG vom 18.12.1980, AP Nr. 4 zu § 174 BGB

Kündigung ebenso wie der Verzicht im Voraus als unzulässig einzustufen sein.[57] Die Ausübung der außerordentlichen Kündigung darf dem Kündigenden nicht in unzumutbarer Weise erschwert werden. Unzulässige Kündigungserschwerungen können daher in Vereinbarungen von Vertragsstrafen, Abfindungen,[58] Rückzahlungen von Urlaubsentgelten, Rückzahlungen von Gratifikationen oder der Fortzahlung von Vergütungen des gekündigten Arbeitnehmers liegen.[59]

Dieser herrschenden Meinung sind in der Vergangenheit lediglich Herschel[60] und Gamillscheg[61] entgegengetreten. Dabei wurde von Gamillscheg aufgezeigt, dass die von der herrschenden Auffassung herangezogenen gerichtlichen Entscheidungen nur bedingt einschlägig sind.

Das Zustimmungserfordernis Dritter kann gegebenenfalls eine unzulässige Erschwerung des Kündigungsrechts beinhalten. Die Unzumutbarkeit der Erschwerung des außerordentlichen Kündigungsrechts ist daher stets im Einzelfall zu prüfen. Für die Zustimmung durch den Betriebsrat gilt diese Unzumutbarkeit der Erschwerung des außerordentlichen Kündigungsrechts aufgrund der gesetzlichen Regelung der §§ 102 Abs. 6, 103 BetrVG nicht. Entsprechend ist eine unzulässige Erschwerung ebenfalls zu verneinen für sonstige Regelungen unabhängiger Schiedsstellen.[62] Die Ausübung der außerordentlichen Kündigung kann auch dort an die Zustimmung Dritter gebunden sein, wo dieses gesetzlich ausdrücklich geregelt ist. Genannt werden kann hier § 9 Abs. 3 MuSchG und § 85 i. V. m. § 90 Abs. 1 Nr. 1 SGB IX. Zöllner und Loritz[63] führen dazu aus, dass dem Gesetzgeber die Einschränkungen nur verwehrt seien, soweit die Verfassung entgegensteht. Dieses wäre bei einer völligen Unauflösbarkeit des Arbeitsverhältnisses anzunehmen. Das Recht auf freie Entfaltung der Persönlichkeit muss erhalten bleiben. Derartige, von den Gerichten nachprüfbare Zustimmungen Dritter seien, so Zöllner und Loritz, gerade noch verfassungskonform.

---

57 Staudinger(13. Auflage)-Preis § 626 BGB RN 41; Bader/Bram/Dörner/Wenzel-Bader § 626 BGB RN 16; Oetker, Das Dauerschuldverhältnis und seine Beendigung, Seite 602 ff.; BAG vom 08.08.1963, AP Nr. 2 zu § 626 BGB Kündigungserschwerung; KR(7. Auflage)-Fischermeier § 626 BGB RN 64; Busemann/Schäfer, Kündigung und Kündigungsschutz im Arbeitsverhältnis, RN 338

58 BAG vom 06.09.1989, EzA § 622 BGB n. F. Nr. 26

59 Erman(10. Auflage)-Belling § 626 BGB RN 21; Staudinger(13. Auflage)-Preis § 626 RN 41

60 zunächst 1958: Herschel, FS-Nikisch, Seite 49 ff.; erneut 1981: Herschel, FS-Müller, Seite 191 (195 ff.)

61 Gamillscheg, ArbuR 1981, 105 ff.

62 Erman(10. Auflage)-Belling § 626 BGB RN 21; Staudinger(13. Auflage)-Preis § 626 RN 42; BAG vom 11.07.1958, AP Nr. 27 zu § 626 BGB

63 Zöllner/Loritz Arbeitsrecht § 22 III 5, Seite 288

Die Zusicherung einer pensionsähnlichen Leistung für den Fall der außerordentlichen Kündigung ist ebenfalls als zulässig zu betrachten und führt zu keiner unzumutbaren Erschwerung des fristlosen Kündigungsrechts.[64] Auch die Vereinbarung der Schriftform für die Kündigung wurde in der Literatur[65] als zulässig erachtet. Der Gesetzgeber hat dies nunmehr mit § 623 BGB gesetzlich angeordnet. Eine über die Schriftform hinausgehende Vereinbarung weitergehender Formerfordernisse, wie z. B. bestimmte Zugangsarten - als eingeschriebener Brief, etc., sind jedoch als problematisch einzustufen.[66] So hat das BAG mit Urteil vom 20.09.1979 entscheiden, dass die Vereinbarung in einem Arbeitsvertrag, die Kündigung habe durch eingeschriebenen Brief zu erfolgen, einen doppelten Inhalt habe, der sich auf die Vereinbarung der Schriftform und die Vereinbarung einer besonderen Versendungsart beziehe. Dabei soll die Versendungsart als eingeschriebenen Brief nur den Zugang der Kündigung sichern, so dass der Zugang des Kündigungsschreibens auch auf eine andere Weise, als durch eingeschriebenen Brief erfolgen kann.[67]

Anerkannt und für zulässig erachtet wurden auch Vereinbarungen, nach denen nur der Arbeitgeber persönlich die außerordentliche Kündigung aussprechen darf, eine Vertretung also nicht zulässig sein soll.[68]

III. Erweiterungen des Rechts zur außerordentlichen Kündigung

Eine Erweiterung der Kündigungsgründe durch Festlegung bestimmter Tatbestände, als wichtige Gründe im Fall der außerordentlichen Kündigung aufgrund einer einzelvertraglichen Regelung, ist ebenfalls grundsätzlich unwirksam, da andernfalls die zwingenden Mindestkündigungsfristen des § 622 BGB umgangen würden.[69] Im Übrigen gibt es keine absoluten Kündigungsgründe, sieht man von § 64 SeemG ab.[70] Von Wolf [71] hingegen wird die Auffassung vertreten, die außerordentliche Kündigung unterliege nur insoweit den Beschränkungen der

64 Staudinger(13. Auflage)-Preis § 626 BGB RN 42; BAG vom 08.08.1963, AP Nr. 2 zu § 626 BGB Kündigungserschwerung

65 Staudinger(13. Auflage)-Preis § 626 BGB RN 42

66 Staudinger(13. Auflage)-Preis § 626 BGB RN 42

67 BAG vom 20.09.1979, EzA § 125 BGB Nr. 5

68 MünchKomm-Schwerdtner § 626 BGB RN 67; BAG vom 09.10.1975, AP Nr. 8 zu § 626 BGB Ausschlussfrist

69 Erman(10. Auflage)-Belling § 626 BGB RN 19; Staudinger(13. Auflage)-Preis § 626 BGB RN 43; Popp, HAS § 19 B, RN 136; BAG vom 22.11.1973, EzA § 626 BGB n. F. Nr. 33; Schaub-Linck, ArbR-Hdb. § 125 RN 18

70 vgl. BAG vom 30.11.1978, AP Nr. 1 zu § 64 SeemG

71 KR(3. Auflage)-Wolf Grunds. RN 459 b

Arbeitsvertragsparteien, als der wichtige Grund nicht zum Nachteil des Arbeitnehmers eingeschränkt oder ausgeschlossen werden dürfte, eine Erweiterung der Kündigungsbefugnis des Arbeitnehmers zum Nachteil des Arbeitgebers sei hingegen grundsätzlich möglich. Dem kann jedoch entgegen gehalten werden, dass sowohl § 626 BGB als auch § 622 BGB keine reinen Arbeitnehmerschutzbestimmungen sind. Von den Fristen der Absätze 1 bis 3 kann nur in den in § 622 Abs. 4 BGB genannten Ausnahmen abgewichen werden.[72]

Prinzipiell können auch die Tarifvertragsparteien das Recht zur außerordentlichen Kündigung nicht erweitern.[73] Im Gegensatz zu den Vertragsparteien sind sie jedoch gem. § 622 Abs. 4 BGB nicht an die gesetzlichen Mindestfristen gebunden. Den Tarifvertragsparteien wird daher ein gewisser Regelungsspielraum zugebilligt.[74] § 622 Abs. 6 BGB regelt des Weiteren, das für die Kündigung durch den Arbeitnehmer keine längere Frist vereinbart werden darf als für die Kündigung durch den Arbeitgeber. Aus dem Sinn und Zweck des § 622 Abs. 6 BGB wird gefolgert, dass es den Tarifvertragsparteien nicht möglich ist, besondere Gründe für eine entfristete Kündigung festzulegen, die ausschließlich zu Lasten des Arbeitnehmers gehen.[75]

Stellungnahme

Aus dem Zusammenspiel zwischen § 622 Abs. 4 und Abs. 6 BGB lässt sich m. E. ableiten, dass die Tarifvertragsparteien zwar grundsätzlich befugt sind eine für beide Seiten einheitliche kürze Kündigungsfrist vorzugeben, aber dennoch nicht befugt sind keine Frist zu bestimmen, mit der Folge, dass beide Seiten ohne Frist ordentlich kündigen könnten. Eine derartige ordentliche entfristete Kündigung würde einer außerordentlichen Kündigung gleichkommen, mit der Ausnahme, dass die Ausschlussfrist des § 626 Abs. 2 BGB nicht einmal zu beachten sei. In § 626 BGB wird hingegen den Tarifvertragsparteien nicht das Recht zugestanden, abweichende Regelungen im Rahmen der außerordentlichen Kündigung zu treffen, mithin sind die Tarifvertragsparteien auch nicht befugt den wichtigen Grund in § 626 Abs. 1 BGB abweichend zu regeln. Dieses würde jedoch erfolgen, wenn von den Tarifvertragsparteien eine entfristet ordentliche

---

72 BAG vom 25.11.1971, EzA § 622 BGB n. F. Nr. 5; Palandt/Putzo § 622 RN 5; Kramer, Kündigungsvereinbarungen im Arbeitsvertrag, Seite 108; Kramer, BB 1997, 732; Erman(10. Auflage)-Belling § 626 BGB RN 19; Soergel-Kraft § 626 BGB RN 15

73 Staudinger(13. Auflage)-Preis § 626 BGB RN 47; KR(7. Auflage)-Fischermeier § 626 BGB RN 70; Isenhardt, HzA Gruppe 5 Kündigung RN 257

74 Staudinger(13. Auflage)-Preis § 626 BGB RN 47; Erman(10. Auflage)-Belling § 626 BGB RN 20

75 Staudinger(13. Auflage)-Preis § 626 BGB RN 47; Erman(10. Auflage)-Belling § 626 BGB RN 20; KR(7. Auflage)-Fischermeier § 626 BGB RN 73

Kündigung unter gewissen Voraussetzungen erfolgen soll. Die Regelungsbefugnis der Tarifvertragsparteien kann daher nur darin bestehen, dass die Kündigungsfristen sachgerecht gegebenenfalls auch verkürzt werden und die Gründe für eine ordentliche Kündigung in Zweifelsfällen entsprechend den gesetzlichen Vorgaben aus dem KSchG näher dargelegt werden.

IV. Die Konkretisierung des wichtigen Grundes

Von der unzulässigen Beschränkung und Erweiterung der Kündigungsgründe ist die zulässige Konkretisierung des wichtigen Grundes zu unterscheiden. Die Abgrenzung stellt sich im Einzelfall als äußerst schwierig dar.

Stereotyp vorformulierte Kündigungsgründe, dergestalt, dass bindend nur bestimmte Gründe eine außerordentliche Kündigung als absolute Kündigungsgründe rechtfertigen sollen, überschreiten das Maß der zulässigen Konkretisierung und stellen hingegen eine unzulässige Erweiterung der außerordentlichen Kündigung dar.[76] Beispielhaft sind hier Vereinbarungen zu nennen, nach denen der Arbeitgeber zur Kündigung berechtigt sein soll, wenn Fehlbestände in der Verkaufsstelle festgestellt werden, ohne Rücksicht darauf, ob dieses Manko von der gekündigten Verkäuferin herrührt,[77] oder wenn bereits die einmalige Verletzung der Anzeigepflicht im Krankheitsfall einen wichtigen Grund darstellen soll.[78] Eine unzulässige Konkretisierung des wichtigen Grundes liegt auch dann vor, wenn der Arbeitgeber zur Kündigung berechtigt sein soll, wenn der Arbeitnehmer nach seinem Erholungsurlaub seinen Dienst nicht sofort wieder antritt.[79] Eine unzulässige Vereinbarung liegt auch dann vor, wenn das Umschulungsverhältnis mit Einstellung der Förderung durch das Arbeitsamt enden soll.[80]

Andererseits wird aber die nähere Konkretisierung des wichtigen Grundes durch die Arbeitsvertragsparteien oder die Tarifvertragsparteien im Rahmen der Gesamtwürdigung innerhalb der Interessenabwägung die Bedeutung zuerkannt, worauf die Parteien besonderen Wert gelegt haben. Die Konkretisierung dient

---

76 Erman(10. Auflage)-Belling § 626 BGB RN 22; Staudinger(13. Auflage)-Preis § 626 BGB RN 45; Grimmer, ArbuR 1971,79; BAG vom 30.11.1978, AP Nr. 1 zu § 64 SeemG
77 BAG vom 22.11.1973, EzA § 626 BGB n. F. Nr. 33
78 MünchKomm-Schwerdtner § 626 BGB RN 68
79 BAG vom 19.12.1974, EzA § 305 BGB Nr. 6
80 BAG vom 15.03.1991, AP Nr. 2 zu § 47 BBiG

insoweit als Auslegungshilfe für den Parteienwillen.[81] In den Grenzen der relativen Unzumutbarkeit will Herschel[82] von den Parteien den wichtigen Grund der außerordentlichen Kündigung bestimmen lassen. Die vertragliche Pflichten-, Rechte- und Risikoverteilung geben Anhaltspunkte für das Ausmaß der Interessenbeeinträchtigung und damit auch für die Frage der Unzumutbarkeit.[83]

V. Zusammenfassung und Stellungnahme

Die Unabdingbarkeit der außerordentlichen Kündigung ergibt sich auch bereits aus der Natur der Sache. Wäre der Ausschluss der außerordentlichen Kündigung, ebenso wie der Ausschluss der ordentlichen Kündigung möglich, dann bekäme der Arbeitnehmer praktische einen "Freifahrtschein" für sämtliche nur denkbaren Konstellationen von Kündigungsgründen und möglichen arbeitsvertraglichen Pflichtverletzungen. Ein derartiger unüberschaubarer "Freifahrtschein" kann nicht im Sinne der Vertragsparteien sein. Insbesondere nicht im Sinne der Tarifvertragsparteien, was sich dabei sicherlich auf Arbeitgeberseite bereits aus der Sache selbst ergibt, gilt aber auch auf Arbeitnehmerseite. Die Tarifvertragsparteien auf Arbeitnehmerseite sollten auch das Interesse sämtlicher Arbeitnehmer, auch der kündbaren Arbeitnehmer, im Blickpunkt haben. Ein "Freifahrtschein" für den Bereich der Unkündbaren beschwert in gewisser Hinsicht die nicht oder noch nicht unkündbaren Arbeitnehmer. Das daraus wohl unvermeidbare Spannungsverhältnis zwischen kündbaren und unkündbaren Arbeitnehmern würde zu einer Gefährdung des Betriebsfriedens führen. Auch wenn der Grund für den Ausspruch einer außerordentlichen Kündigung rechtlich sicherlich nicht in der Statuierung eines Exempels, einer Warnfunktion für die anderen Arbeitnehmer liegen darf, wird dieses in der Praxis nicht selten der Fall sein müssen um Betriebsfrieden und Arbeitsmotivation erhalten zu können. Mit den Argumenten der h. M. ist die Unabdingbarkeit der außerordentlichen Kündigung zu bejahen. Der Ausschluss der außerordentlichen Kündigung würde den Interessen beider Vertragsparteien entgegenlaufen. Unzumutbares, insbesondere wenn es nicht vorhersehbar ist, darf nicht für unauflösbar erklärt werden.

---

81 Staudinger(13. Auflage)-Preis § 626 BGB RN 45; Erman(10. Auflage)-Belling § 626 BGB RN 22; Oetker, Das Dauerschuldverhältnis und seine Beendigung, Seite 566 ff.; BAG vom 22.11.1973, AP Nr. 67 zu § 626 BGB; BAG vom 17.04.1956, AP Nr. 8 zu § 626 BGB; KR(7. Auflage)-Fischermeier § 626 BGB RN 69; Soergel-Kraft § 626 BGB RN 16

82 Herschel, FS-Nikisch, Seite 54; Herschel, FS-Müller, Seite 191 (195 ff.)

83 Erman(10. Auflage)-Belling § 626 BGB RN 19

Der ordentlich unkündbare Arbeitnehmer bleibt grundsätzlich außerordentlich kündbar. Somit ergibt sich der Untersuchungsgegenstand dieser Darstellungen, unter welchen Voraussetzungen die außerordentliche Kündigung - bei grundsätzlichem tarifvertraglichem Ausschluss der ordentlichen Kündigung - rechtmäßig ausgesprochen werden kann. Die Problematik der richtigen Auslegung des Tatbestandes des § 626 BGB beinhaltet die Frage, welchen Einfluss der Ausschluss der ordentlichen Kündigung dabei auf den wichtigen Grund der außerordentlichen Kündigung hat. Die Kündigung der Unkündbaren ist zu definieren.

D. Das Verhältnis von außerordentlicher Kündigung und Störung der Geschäftsgrundlage (§ 313 BGB)

Während bei der ordentlichen Kündigung eine Weiterbeschäftigung des gekündigten Arbeitnehmers bis zum Ablauf der Kündigungsfrist als noch zumutbar erscheinen muss, muss bei der außerordentlichen Kündigung die Weiterbeschäftigung für den Kündigenden bereits während der Kündigungsfrist unzumutbar sein. Die außerordentliche Kündigung greift also nur dort, wo über die Voraussetzungen der ordentlichen Kündigung hinaus, erheblich schärfere Voraussetzungen vorliegen. Zwischen der ordentlichen und außerordentlichen Kündigung besteht ein Stufenverhältnis,[84] die außerordentliche Kündigung greift nur im absoluten Ausnahmefall.[85] Die gesetzlich normierte Interessenabwägung in § 626 Abs. 1 BGB lässt die außerordentliche Kündigung zu einem Ausnahmerecht werden, der Kündigende wird für den Regelfall auf die ordentliche Beendigungsmöglichkeit verwiesen. Der allgemeine Grundsatz „pacta sunt servanda" wird aufgrund eines erheblichen Interessenvorsprungs des Kündigenden gebrochen, seine Interessen müssen daher bei der außerordentlichen Kündigung ein hochrangiges Gewicht haben. Die Unzumutbarkeit der Vertragstreue muss bei der außerordentlichen Kündigung in doppelter Hinsicht bestehen, sowohl das grundsätzliche Festhalten am Vertrag muss unzumutbar sein, als auch eine Unzumutbarkeit der Vertragstreue mit sofortiger Wirkung.[86] Dieser Ausnahmecharakter der außerordentlichen Kündigung wird auch nicht durch die gesetzliche Normierung zum Normalfall erklärt.[87] Unabhängig von der gesetzlichen Normierung in § 626 BGB ist nunmehr die außerordentliche Kündigung gesetzlich bei allen Dauerschuldverhältnissen in § 314 BGB anerkannt.

---

84 Staudinger(13. Auflage)-Preis § 626 BGB RN 6
85 Preis, Prinzipien des Kündigungsrechts bei Arbeitsverhältnissen, Seite 476
86 Erman(10. Auflage)-Belling § 626 BGB RN 9
87 Preis, Prinzipien des Kündigungsrechts bei Arbeitsverhältnissen, Seite 174, 175

Dieser Ausnahmecharakter der außerordentlichen Kündigung wird vereinzelt auch als Konkretisierung oder Sonderfall der Störung der Geschäftsgrundlage (§ 313 BGB) verstanden.[88] Auf der Grundlage der Störung der Geschäftsgrundlage kann das Arbeitsverhältnis daher nicht beendet werden.[89] Wesentliche Veränderungen nach dem Arbeitsvertragsabschluss oder der Störung der Geschäftsgrundlage bilden grundsätzlich keinen eigenständigen Beendigungsgrund für das Arbeitverhältnis, sofern nach den gesetzlichen oder vertraglichen Bestimmungen die Möglichkeit zur außerordentlichen Kündigung des Arbeitsvertrages besteht.[90]

Preis[91] stellt dar, § 626 BGB bilde die positive Konkretisierung der Störung der Geschäftsgrundlage, daher regelt § 313 Abs. 3 Satz 2 BGB nach der Schuldrechtsmodernisierung nunmehr ausdrücklich, dass bei Dauerschuldverhältnissen an die Stelle des Rücktrittsrechts das Recht zur Kündigung tritt.

Nur in eng umgrenzten Fällen, wo eine Kündigung ausnahmsweise nicht möglich ist oder der Arbeitsvertrag gegenstandslos geworden ist, kann eine Beendigung des Arbeitsvertrages unmittelbar aus der Störung der Geschäftsgrundlage eintreten.[92]

> Mit Urteil vom 24.08.1995[93] hatte das BAG einen Fall eines ehemaligen DDR-Bürgers zu entscheiden. Der Kläger arbeitete bei der Rechtsvorgängerin der Beklagten aufgrund eines im Jahre 1975 begründeten Arbeitsverhältnisses. 1978 wurde der Kläger von der Staatssicherheit am Arbeitsplatz festgenommen und im Jahre 1979 unmittelbar aus der Haft in die Bundesrepublik Deutschland abgeschoben. Der Kläger durfte das Gebiet der ehe-

---

88 Molitor, Die Kündigung, Seite 250; Erman(7. Auflage)-Küchenhoff § 626 BGB RN 3 Erman(10. Auflage)-Belling § 626 BGB RN 9; Herschel, FS-Müller, Seite 191 (199) Belling, RdA 1996, 223, 229 ff.

89 Stahlhacke-Preis 8. Auflage 2002, RN 149

90 MünchKomm-Schwerdtner Vor § 620 BGB RN 51; Popp, HAS § 19 B, RN 112 KR(7. Auflage)-Fischermeier § 626 BGB RN 42; KR(4. Auflage)-Hillebrecht § 626 RN 28; vgl. dazu auch: KR(3. Auflage)-Wolf Grunds. RN 206 ff.; für Tarifverträge: BAG vom 05.03.1957, AP Nr. 1 zu § 1 TVG Rückwirkung
BAG vom 09.02.95, EzA § 1 KSchG Personenbedingte Kündigung Nr. 12 (unter II 6 b):
Das Scheitern einer Ehe rechtfertigt nicht eine Kündigung eines Ehegattenarbeitsverhältnisses unter dem Gesichtspunkt des Wegfalls der Geschäftsgrundlage (§ 242 BGB). Die Kündigungsvorschriften gehen insoweit vor und verdrängen das Rechtsinstitut des Wegfalls der Geschäftsgrundlage.

91 Stahlhacke-Preis, 8. Auflage 2002, RN 149

92 MünchKomm-Schwerdtner Vor § 620 BGB RN 51; KR(7. Auflage)-Fischermeier § 626 RN 42

93 BAG vom 24.08.1995, AP Nr. 4 zu § 242 BGB Geschäftsgrundlage; BAG vom 12.03.1963, AP Nr. 5 zu § 242 BGB Geschäftsgrundlage

maligen DDR nicht mehr betreten. Der Arbeitgeber hatte von diesem Umstand durch die Staatssicherheit Kenntnis erlangt. Nach der Wende, im Jahr 1992, verlangte der Kläger von der Beklagten eine Weiterbeschäftigung, da er nie eine Kündigung erhalten habe.

Der Weiterbeschäftigungsanspruch des Klägers wurde wegen Wegfalls der Geschäftsgrundlage abgelehnt. Es entspricht der ständigen Rechtsprechung des BAG[94] in außergewöhnlichen Verhältnissen ein Arbeitsverhältnis auch ohne besondere Kündigungserklärung enden zu lassen. Mit der Einwilligung des Klägers in seine Abschiebung und deren tatsächlichen Vollzug, so führt das BAG aus, entfalle jede tatsächliche Grundlage für das Arbeitsverhältnis des Klägers, da dieser angesichts der tatsächlichen Verhältnisse auf unabsehbare Zeit nicht mehr sein Arbeitsverhältnis aufnehmen konnte. Somit seien außergewöhnliche Verhältnisse eingetreten, die den Zweck des Arbeitsverhältnisses durch äußere Umstände endgültig oder zumindest auf unabsehbare Zeit unerreichbar machten. Damit ist die Grundlage des Arbeitsverhältnisses entfallen und ein Weiterbeschäftigungsanspruch des Klägers, trotz fehlender Kündigung, nicht gegeben.

Von Aden[95] wird sogar die Auffassung vertreten, das Arbeitsverhältnis ende im Falle der dauernden Unmöglichkeit, z. B. bei einer langandauernden Erkrankung, von selbst. Zu Recht wird dieses von Herschel[96] bei langandauernder Erkrankung verneint. Eine Theorie der Kündigungslosigkeit bei andauernder Erkrankung ist dogmatisch nicht fundiert und entbehrt der erforderlichen Praktikabilität.

Aufgrund des Verständnisses, dass es sich bei der außerordentlichen Kündigung um die gesetzliche Konkretisierung des Wegfalls der Geschäftsgrundlage und nicht um ein eigenständiges Recht handelt, sind nur wenige Fälle denkbar und von der Rechtsprechung früher unter außergewöhnlichen Umständen anerkannt, in denen der Vertrag ohne Kündigungserklärung allein wegen des Fortfalls der Geschäftsgrundlage aufgelöst wird.[97] Die Geschäftsgrundlage muss objektiv weggefallen sein, und aufgrund außergewöhnlicher Ereignisse (wie z. B. Krieg, Naturkatastrophen, etc.) muss der Ausspruch der Kündigung oder dessen Zugang unmöglich sein. In einem solchen Fall kann vom Erfordernis einer Kündi-

---

[94] BAG vom 03.10.1961, AP Nr. 17 zu § 242 BGB Geschäftsgrundlage

[95] Aden, RdA 1981, 280 ff.

[96] Herschel, BB 1982, 254

[97] Staudinger(13. Auflage)-Preis § 626 BGB RN 14; Erman(10. Auflage)-Belling § 626 BGB RN 11; Oetker, Das Dauerschuldverhältnis und seine Beendigung, Seite 418 ff.

gung im Ausnahmefall abgesehen werden.[98] Der Zweck des Arbeitsverhältnisses muss erkennbar dauernd oder zumindest auf unabsehbare Zeit unerreichbar geworden sein.[99] Nur in derartigen außergewöhnlichen Ausnahmefällen kann der Arbeitnehmer sich nicht gem. § 242 BGB wegen Störung der Geschäftsgrundlage auf das Fehlen einer Kündigungserklärung berufen, der ganze Vertrag ist gegenstandslos geworden.[100] Das LAG Berlin hat mit Urteil vom 14.04.1953[101] von der Macht des Faktischen gesprochen, aufgrund derer der Betrieb und damit zugleich die Arbeitsverhältnisse aufgelöst worden seien, ohne dass der Kläger - der Arbeitnehmer - eine Kündigung erwarten konnte. Der Kläger war bei einer Rundfunkgesellschaft tätig, die durch die Alliierten Sendeverbot erhalten hatte. Daraufhin wurde die Rundfunkgesellschaft durch Gesellschafterbeschluss aufgelöst.

E. Außerordentliche Kündigung von Arbeitsverhältnissen nach § 626 BGB oder nach § 314 BGB

Im Bereich der außerordentlichen Kündigung von Arbeitsverhältnissen verdrängt nach der h. M.[102] § 626 BGB als lex specialis weiterhin die mit der Schuldrechtsmodernisierung zum 01.01.2002 eingeführte Generalnorm des § 314 BGB. Der nach altem Recht im Wege der Analogie auf andere Dauerschuldverhältnisse übertrage Rechtsgedanke des § 626 BGB, wird nun nach neuem Recht in § 314 BGB ausdrücklich kodifiziert. § 314 BGB präzisiert das der Kündigung vorgeschaltete Abmahnungserfordernis bzw. die Gewährung einer Abhilfefrist. Das arbeitsrechtliche Kündigungsrecht wird insoweit durch

---

98 Erman(10. Auflage)-Belling § 626 BGB RN 11; BAG vom 05.04.1960, AP Nr. 3 zu § 242 BGB Geschäftsgrundlage; BAG vom 12.03.1963, AP Nr. 5 zu § 242 BGB Geschäftsgrundlage; BVerfGE 3, 162

99 BAG vom 21.05.1963, AP Nr. 6 zu § 242 BGB Geschäftsgrundlage; BAG vom 24.08.1995, AP Nr. 17 zu § 242 BGB Geschäftsgrundlage; BAG vom 03.10.1961, AP Nr. 4 zu § 242 Geschäftsgrundlage; LAG Hamburg vom 30.11.1946, DB 1947, 343 (344); LAG Berlin vom 14.04.1953, BB 1953, 623 (624); Hueck/Nipperdey, Lehrbuch des Arbeitsrechts, Band 1, § 55 I 1 - Fußnote 1, Seite 527; Nikisch, Arbeitsrecht I Allgemeine Lehren und Arbeitsvertragsrecht, § 47 I 6, Seite 668; Siebert, BB 1953 624; Frey, ArbuR 1956, 195 f.; vgl. auch BVerfGE 3, 162

100 MünchKomm-Schwerdtner Vor § 620 BGB RN 51; BAG vom 24.08.1995, EzA § 242 BGB Geschäftsgrundlage Nr. 5

101 LAG Berlin vom 14.04.1953, BB 1953, 623 (624)

102 Henssler, Die Auswirkungen d. Schuldrechtsmodernisierung auf d. Arbeitsrecht, S. 627; Gotthardt, Arbeitsrecht nach der Schuldrechtsreform, RN 201; Berkowsky, AuA 2002, 11 (12)

§ 314 BGB als allgemeine Regelung ergänzt.[103] Die von der Rechtsprechung entwickelte Abmahnung wird in § 314 BGB auf eine eindeutige Rechtslage gestützt. Abzuwarten ist, ob die Regelung des § 314 BGB die Rechtsprechung dazu veranlassen wird, die Kündigungsvoraussetzungen, insbesondere im Bereich des Abmahnungserfordernisses zu verschärfen. Ein Verzicht auf das Abmahnungserfordernis ist über den gem. § 314 Abs. 2 Satz 2 BGB entsprechend anzuwendenden § 323 Abs. 2 Nr. 3 BGB ausnahmsweise möglich. Voraussetzung ist, dass besondere Umstände vorliegen müssen, die unter Abwägung der beidseitigen Interessen den sofortigen Rücktritt rechtfertigen. Die außerordentliche Kündigung im Arbeitsrecht setzt stets voraus, dass es dem kündigenden Arbeitgeber aufgrund der Vertragsverletzung des Arbeitnehmers, nicht mehr zugemutet werden kann, das Vertragsverhältnis bis zum Ablauf der Kündigungsfrist fortzuführen. Das Regelausnahmeprinzip des § 314 BGB und des § 323 Abs. 2 Nr. 3 BGB dürfte daher wenig Bedeutung für die außerordentlich Kündigung im Arbeitsrecht haben, sodass mit der h. M. davon auszugehen ist, dass § 626 BGB als lex specialis im Arbeitsrecht die Generalnorm des § 314 BGB verdrängt. Unabhängig davon, dürften sich nach dem aufgezeigten Weg des Regelausnahmeverhältnisses des § 314 BGB und des § 323 Abs. 2 Nr. 3 BGB die von der Rechtsprechung der Arbeitsgerichte entwickelten Grundsätze zum Abmahnungserfordernis wieder finden, sodass beide Wege denkbar und ergebnisneutral sind.

[103] Schumacher-Mohr, DB 2002, 1608

Drittes Kapitel. Die Beendigung des Arbeitsverhältnisses der Unkündbaren und die damit verbundenen Voraussetzungen an die außerordentliche Kündigung

Da der unkündbare Arbeitnehmer aufgrund des Ausschlusses des ordentlichen Kündigungsrechtes nur außerordentlich gekündigt werden kann, fallen zunächst insbesondere die Probleme im Zusammenhang mit dem wichtigen Grund des § 626 Abs. 1 BGB und die auftretenden Probleme im Rahmen der Interessenabwägung bzgl. der Zumutbarkeit des Abwartens der voraussichtlichen Vertragdauer besonders ins Auge. Die außerordentliche Kündigung ersetzt bei unkündbaren Arbeitnehmern in Ausnahmefällen quasi die ordentliche Kündigung.

A. Sinn und Zweck von Unkündbarkeitsklauseln

Fragt man sich nach dem Sinn und Zweck von Unkündbarkeitsregelungen, so sind sicherlich die Motive für eine solche Vereinbarung auf beiden Seiten zu berücksichtigen. Es stellt sich dabei die Frage, ob der Arbeitgeber auch das Risiko übernommen hat, das Arbeitverhältnis auch ohne Beschäftigungsmöglichkeit des Arbeitnehmers fortzusetzen.[104]

Grundsätzlich lässt sich festhalten, dass der Arbeitgeber dem Mitarbeiter eine gewisse Sicherheit des Arbeitplatzes gewährleisten muss. Über die üblichen Beendigungsmöglichkeiten hinaus möchte er dem Arbeitnehmer garantieren, dass ihm sein Arbeitplatz erhalten bleibt. Die Motive dafür sind unterschiedlicher Art, Bindung eines guten oder langjährig, erfahrungsreichen Arbeitnehmers an das Unternehmen. Dabei muss aber auch dem Mitarbeiter klar sein, dass diese Bindung bei einer wirtschaftlichen Unvereinbarkeit enden wird. Eine Bindung des Arbeitgebers über seine eigenen Grenzen der wirtschaftlichen Belastbarkeit hinaus ist unrealistisch und für einen verständigen Mitarbeiter nachvollziehbar. Spätestens dann, wenn für den Arbeitnehmer eine Einsatzmöglichkeit auf Dauer bei aller Anstrengung nicht mehr gegeben ist, muss eine Beendigung dieses Arbeitsverhältnisses möglich sein. Letztendlich kann im Extremfall, die Unkündbarkeit einer Vielzahl von Mitarbeitern, bei wirtschaftlicher Untragbarkeit, zum Existenzverlust auf Arbeitgeberseite und damit zum Verlust sämtlicher Arbeitsplätze führen.

---

[104] Stahlhacke-Preis, 8. Auflage 2002, RN 808; KR(7. Auflage)-Fischermeier § 626 BGB RN 158

Hierbei können sicherlich auf Arbeitgeberseite nicht nur rein finanzielle Gründe eine Rolle spielen, wie ein langer Zeitraum der Entgeltfortzahlung ohne entsprechende Gegenleistung. Dabei ergibt sich der Zeitraum der Dauer der Entgeltfortzahlung grundsätzlich aus § 3 EntgeltfortzahlungsG, wobei in Tarifverträgen für bestimmte Arbeitnehmer dieser Zeitraum auch verlängert wird. Auch dem Arbeitnehmer ist es nicht ohne weiteres möglich, das Arbeitsverhältnis zu beenden, wenn er ein finanziell erheblich besseres Angebot hat.[105] Hier käme auch keine außerordentliche, allenfalls eine ordentliche Kündigung in Betracht, wobei gutdotierte Positionen nicht selten mit langen Kündigungsfristen verbunden sind. Der Arbeitnehmer hat auch hier das Risiko, aufgrund seiner langen Kündigungsfrist die neue Position mit den erheblich besseren Bedingungen nicht zu erhalten. Wobei in der Praxis wohl oft Vertragsstrafen[106] und andere Hindernisse finanzieller Art vom neuen Arbeitgeber übernommen werden, um den leistungsstarken erfahrungsreichen Mitarbeiter gewinnen zu können. Nicht selten werden in der Praxis vom neuen Arbeitgeber die Rückzahlungen von Weihnachtsgeldern, Vertragsstrafen und das Risiko einer Schadensersatzzahlung bei vorzeitiger, rechtswidriger Beendigung des alten Arbeitsverhältnisses getragen.

Berücksichtigt man Motive auf Arbeitnehmerseite für die Eingehung einer Unkündbarkeitsvereinbarung so ist neben finanzieller Unabhängigkeit, Planungssicherheit zu nennen. Es ist jedoch schwer vorstellbar, dass ein Arbeitnehmer tatsächlich davon auszugehen vermag, diese Sicherheit auch zu erhalten, wenn der Arbeitgeber für ihn auf Dauer keine Beschäftigungsmöglichkeit mehr hat. Ist doch das Arbeitsverhältnis in seinen Hauptleistungspflichten getragen von der Lohnzahlungspflicht, aber auch von der Pflicht die vertraglich geschuldeten Leistungen zu erbringen.

Bei der Ermittlung von Sinn und Zweck der Unkündbarkeitsklauseln ist nicht zuletzt auch auf die Art der Vereinbarungsform abzustellen. Bei Rationalisierungsabkommen besteht der Sinn und Zweck eines solchen Abkommens darin, dem Arbeitgeber für einen vereinbarten Zeitraum die Möglichkeit betriebsbedingter Kündigungen fast vollständig zu nehmen.[107] Beinhaltet ein Rationalisierungsschutztarifvertrag z. B. das ein Kündigungsverzicht für die Dauer von 5 Jahren, bei gleichzeitiger Lohnminderung sämtlicher Mitarbeiter vereinbart wird, so ist allein die Tatsache, dass der Arbeitgeber nunmehr einen Mitarbeiter 5 Jahre Lohnfortzahlung gewähren muss, ohne ihn entsprechend beschäftigen zu

---

105 BAG vom 01.10.1970, EzA § 626 BGB n. F. Nr. 6

106 vgl. zur Zulässigkeit von Vertragstrafenabreden in Formulararbeitsverträgen: BAG vom 04.03.2004 - 8 AZR 196/03, EzA § 309 BGB 2002 Nr. 1

107 Stahlhacke-Preis, 8. Auflage 2002, RN 808; KR(7. Auflage)-Fischermeier § 626 BGB RN 158

können, kein wichtiger Grund für eine außerordentliche Kündigung i. S. des § 626 BGB.

Muss der Arbeitgeber schon bei Vertragsabschluss mit der Möglichkeit rechnen, seinen Betrieb in absehbarer Zeit wegen Unwirtschaftlichkeit schließen zu müssen, so hat der Arbeitgeber bei Vertragsabschluss dieses besondere Risiko übernommen und darf nunmehr das bei Vertragsabschluss übernommene Risiko nicht durch eine außerordentliche Kündigung auf den Arbeitnehmer übertragen.[108]

Im Grundsatz stellt die Unkündbarkeit eine verstärkte Sicherheit und eine längere Erhaltung des Arbeitsplatzes für den Arbeitnehmer dar. Durch die Unkündbarkeit soll dem Arbeitnehmer meist der Arbeitsplatz bis zum Eintritt in den Ruhestand gesichert werden.[109]

Im Bereich der arbeitsvertraglichen Vereinbarungen ist zu ermitteln, ob durch die Bezeichnung des Arbeitsverhältnisses als „Lebensanstellung“ oder „Daueranstellung“ überhaupt eine Unkündbarkeitsvereinbarung getroffen werden soll.[110]

B. Die Anforderungen an den wichtigen Grund des § 626 Abs. 1 BGB bei Unkündbarkeit - Die außerordentliche Kündigung aus einem minder wichtigen Grund

Beim Vorliegen eines wichtigen Grundes i. S. d. § 626 Abs. 1 BGB, wie z. B. Diebstahl oder Arbeitszeitbetrug, kann grundsätzlich auch der ordentlich unkündbare Arbeitnehmer unter denselben Bedingungen außerordentlich gekündigt werden, wie der ordentlich kündbare Arbeitnehmer. Von Bedeutung sind jedoch die Fälle, in denen eine außerordentliche Kündigung bei ordentlich unkündbaren Arbeitnehmern geboten ist, beim kündbaren Arbeitnehmer jedoch keine außerordentliche, sondern allenfalls eine ordentliche Kündigung gerechtfertigt wäre. Beim ordentlich unkündbaren Arbeitnehmer sind hier möglicherweise andere Maßstäbe anzusetzen, weil ansonsten keine Möglichkeit der Vertragsbeendigung besteht.

---

[108] LAG Berlin vom 16.02.1961, BB 1961, 605

[109] LAG Hamm vom 22.01.1987, LAGE § 626 BGB Unkündbarkeit Nr. 1; Conze, ZTR 1987, 100

[110] dazu: Stahlhacke-Preis, 8. Auflage 2002, RN 326; Kania/Kramer, RdA 1995, 287 (292); Pauly, ArbuR 1997, 95

Das Gesetz verlangt für die außerordentliche Kündigung gem. § 626 Abs. 1 BGB einen wichtigen Grund. Aufgrund der sich ergebenen Rechtsfolge - fristlose Beendigung des Arbeitsverhältnisses - liegen die Anforderungen an den wichtigen Grund sehr hoch und stellen insbesondere bei Ausschluss der ordentlichen Kündigung eine hohe Hürde für den Arbeitgeber dar, das Arbeitsverhältnis vor Vertragsende aufzukündigen. Aus diesem Grund wurde in der Literatur eine außerordentliche Kündigung aus minder wichtigem Grund, insbesondere im Bereich des Ausschlusses der ordentlichen Kündigung, diskutiert.

I. Meinungsstand in der Literatur

Für eine außerordentliche Kündigung mit gesetzlicher Kündigungsfrist plädiert Alfred Hueck,[111] wenn zwar ein wichtiger Grund zur Kündigung i. S. d. § 626 Abs. 1 BGB nicht vorliegt, aber dennoch dem Arbeitgeber die Fortsetzung des Arbeitsverhältnisses über die normale Kündigungsfrist hinaus, bis zur vertraglichen Beendigung, nicht zugemutet werden kann. Der geforderte Grund brauche in diesem Fall nicht so schwerwiegend zu sein, wie der ansonsten bei der fristlosen Kündigung gem. § 626 Abs. 1 BGB vorausgesetzte wichtige Grund.

Herschel[112] erkennt ebenfalls, als ein Vertreter der wohl Mindermeinung, einen minder wichtigen Grund im Sinne eines dritten, eigenartigen, gesetzlich nicht ausgestalteten Grundtyps der Kündigung an.

In den Fällen in denen zwar das Abwarten der normalen Kündigungsfrist zumutbar ist, ein Abwarten eines darüber hinaus gehenden längeren Zeitraumes jedoch nicht zumutbar sei, treten Zöllner[113] und Binder[114] dafür ein, dass der Kündigende die gesetzliche Frist als Auslauffrist dem zu Kündigenden anzubieten habe. Denkbar sei diese Konstellation immer dort, wo die ordentliche Kündigung z. B. tarifvertraglich oder aufgrund eines befristeten Arbeitsverhältnisses ausgeschlossen ist, bzw. wo die Kündigungsfrist stark verlängert sei. Hier sollten auch weniger schwerwiegende Gründe als wichtiger Grund darstellbar sein.

Der Auffassung von Neumann[115] folgend, wird im Ergebnis auch eine außerordentliche Kündigung unter Beachtung der gesetzlichen Kündigungsfrist aus

---

111 Hueck, Anmerkung zu BAG vom 08.10.1957, AP Nr. 15 zu § 626 BGB; Hueck/Nipperdey, Lehrbuch des Arbeitsrechts, Band 1, § 59 V 2, Seite 594

112 Herschel, Anmerkung zu BAG vom 28.03.1985, AP Nr. 86 zu § 626 BGB; Herschel, Anmerkung zu BAG vom 12.09.1974, AP Nr. 1 § 44 TV AL II

113 Zöllner/Loritz Arbeitsrecht § 22 II 6 a, Seite 288

114 Binder, DRdA 1970, 185,191,194,196

115 Staudinger(12. Auflage)-Neumann § 626 BGB RN 111

minder wichtigem Grund für möglich gehalten, auch wenn er zwischen wichtigem und minder wichtigem Grund nicht ausdrücklich unterscheidet. Wo die ordentliche Kündigung ausgeschlossen oder an besonders lange Fristen gebunden ist, werden von ihm Fälle für denkbar gehalten, deren Kündigungsgrund nicht die fristlose Kündigung rechtfertigen, deren Fortsetzung des Arbeitsverhältnisses aber bis zum vereinbarten Vertragsende unzumutbar ist.

Wiedemann[116] erwähnt die außerordentliche Kündigung, die nicht auf einem minder wichtigen, jedoch auf andersartigen wichtigen Gründen beruht.

Die überwiegende Auffassung[117] in der Literatur erkennt die Einführung eines minder wichtigen Grundes nicht an.

Als einer ihrer Vertreter lehnte Hillebrecht[118] die Anerkennung eines minder wichtigen Grundes ab. Nach seiner Auffassung würde dadurch das Problem nicht behoben, sondern nur verlagert werden. Ein praktikabler Maßstab zur Abgrenzung von Gründen, die eine Kündigung nach § 1 KSchG sozial rechtfertigen, lasse sich nicht finden.

Schwerdtner[119] lehnt ebenfalls eine außerordentliche Kündigung aus minder wichtigem Grund ab. Als entscheidendes Argument führt er aus, dass die Anerkennung eines minder wichtigen Grundes im Rahmen der außerordentlichen Kündigung in der Tendenz den Bestandsschutz gefährden, den der Arbeitnehmer aufgrund des Ausschlusses der ordentlichen Kündigung oder aufgrund der Kündigungsfristen gerade erhalten soll.

Fischermeier[120] führt aus, dass die Einführung eines minder wichtigen Grundes die gewünschte Rechtsklarheit und Rechtssicherheit nicht stärken, sondern diese nur noch weiter beeinträchtigen würde. Ein praktikabler Maßstab für den Begriff des minder wichtigen Grundes lasse sich nicht finden, der sich insbesondere vom eigentlichen wichtigen Grund des § 626 Abs. 1 BGB und von den Gründen des § 1 KSchG abgrenzen ließe.

---

116 Wiedemann, EWiR 1998, 538

117 MünchKomm-Schwerdtner § 626 BGB RN 59; Stahlhacke-Preis, 8. Auflage 2002, RN 617; Conze, ZTR 1987, 101; KR(7. Auflage)-Fischermeier § 626 BGB RN 306

118 KR(4. Auflage)-Hillebrecht § 626 BGB RN 209

119 Schwerdtner, FS-Kissel, Seite 1083

120 KR(7. Auflage)-Fischermeier § 626 BGB RN 306

Eine Ablehnung des minder wichtigen Grundes erfolgt ebenfalls von Preis[121] und Kania/Kramer.[122] Preis/Hamacher[123] geben bei der Anerkennung eines minder wichtigen Grundes zu bedenken, dass gerade wenn es darauf ankommt, die ordentliche Kündigung durch die außerordentliche Kündigung ersetzt werden würde und der stärkere Bestandsschutz der unkündbaren Arbeitsverhältnisse ohne Wirkung bliebe. In Bezug auf die Kündigungsfristen würde bei der Anerkennung des minder wichtigen Grundes der stärkere Bestandsschutz der unkündbaren Arbeitnehmer in sein Gegenteil verkehrt werden.

II. Rechtsprechung

Die Rechtsprechung[124] lehnt die Anerkennung eines minder wichtigen Grundes mit dem Argument ab, dass neben der ordentlichen und der außerordentlichen Kündigung aus wichtigem Grund, das geltende Recht eine weitere Kündigungsmöglichkeit nicht zulasse.

Bröhl[125] weist jedoch darauf hin, dass die Ablehnung des minder wichtigen Grundes die Praxis nicht daran hindert, im Ergebnis eine außerordentliche Kündigung nach § 626 BGB bei tariflich unkündbaren Arbeitnehmern wegen eines Grundes zuzulassen, der bei tariflich kündbaren Arbeitnehmern keine außerordentliche Kündigung rechtfertigen würde.

III. Stellungnahme

Mit den dargestellten Gründen der h. L.[126] und der Rechtsprechung ist eine außerordentliche Kündigung aus minder wichtigem Grund abzulehnen.

Die Einführung eines minder wichtigen Grundes würde den Interessen der Vertragspartner, die gerade einen weitgehenden Kündigungsschutz vereinbaren wollten, widersprechen.

---

[121] Staudinger(13. Auflage)-Preis § 626 BGB RN 63; Stahlhacke-Preis, 8. Auflage 2002, RN 617

[122] Kania/Kramer, RdA 1995, 287 (294)

[123] Preis/Hamacher, FS-Arbeitsgerichtsbarkeit Rheinland-Pfalz, Seite 251

[124] BAG vom 04.06.1964, AP Nr. 3 zu § 133b GewO = NJW 1964, 1739; LAG Hamm vom 22.01.1987, LAGE § 626 BGB Unkündbarkeit Nr. 1

[125] Bröhl, FS-Schaub, Seite 56

[126] KR(4. Auflage)-Hillebrecht § 626 BGB RN 209; Schwerdtner, FS-Kissel, Seite 1083 Staudinger(13. Auflage)-Preis § 626 BGB RN 63

Die Tatsache, dass zwar Gründe denkbar sind, die die fristlose Beendigung nicht rechtfertigen, jedoch eine Fortdauer des Arbeitsverhältnisses bis zum vereinbarten Vertragsende für nicht zumutbar erscheinen lassen, rechtfertigt nicht die Einführung eines gesetzlich nicht vorgesehenen minder wichtigen Grundes und damit ein Unterlaufen des beabsichtigten Ausschlusses der ordentlichen Kündigung. Der Ausschluss der ordentlichen Kündigung soll beim Arbeitnehmer zu einem stärkeren Kündigungsschutz führen. Die Einführung eines gesetzlich nicht vorgesehenen minder wichtigen Grundes würde dieser beabsichtigten Stärkung der Rechtsposition des Arbeitnehmers entgegenlaufen.

C. Das Verhältnis zwischen Kündigungsgrund und Vertragsdauer im Rahmen der Interessenabwägung unter Berücksichtigung der ordentlichen Unkündbarkeit

Als ein Kriterium für die Beurteilung des wichtigen Grundes gibt das Gesetz in § 626 Abs. 1 BGB die Zumutbarkeit der Einhaltung der Kündigungsfrist oder der vereinbarten Beendigung des Arbeitsverhältnisses vor. Ein wesentlicher Faktor im Rahmen der Interessenabwägung und damit für das Vorliegen eines wichtigen Grundes ist die grundsätzliche Bindung der Parteien an den Arbeitsvertrag, soweit die außerordentliche Kündigung nicht durchgreifen sollte.[127] Je kürzer die Kündigungsfrist, um so eher ist dem Arbeitgeber das Abwarten dieser zuzumuten, mit der Folge, dass bei kurzen Kündigungsfristen eine Beendigung des Arbeitsverhältnisses eher ordentlich als außerordentlich als wahrscheinlich erscheint. Der Grad des wichtigen Grundes steht demnach im umgekehrten Verhältnis, also diametral, zur Länge der Kündigungsfrist.

Im Bereich der auch ordentlich kündbaren Arbeitnehmer wird dabei im Rahmen der Interessenabwägung stets auf die gesetzliche oder tarifvertragliche Kündigungsfrist abgestellt. Bei Ausschluss der ordentlichen Kündbarkeit ergeben sich hingegen Probleme in der Übertragung dieser Anwendung.

Preis/Hamacher[128] halten im Zusammenhang mit den ordentlich unkündbaren Arbeitnehmern die Anwendung dieses Grundsatzes für nicht gegeben, da bei den Unkündbaren die ordentliche Kündigungsmöglichkeit ausscheidet.

Von Herschel[129] wurde die Auffassung entwickelt, die Gewichtigkeit des Grundes stehe im umgekehrten Verhältnis zur Bindungsdauer. Bei langer Bindung sei

127 von Koppenfels, Seite 59
128 Preis/Hamacher, FS-Arbeitsgerichtsbarkeit Rheinland-Pfalz, Seite 252
129 Herschel, Anmerkung zu BAG vom 12.09.1974, AP Nr. 1 zu § 44 TVAL II

ein weniger wichtiger Grund erforderlich, während bei kurzer Bindung ein besonders schwerwiegender Grund zur Bejahung der außerordentlichen Kündigung erforderlich sei. Übersetzt auf die tariflich unkündbaren Arbeitnehmer, wären die Voraussetzungen an den wichtigen Grund, des durch Ausschluss der ordentlichen Kündigung bedingten langen Vertragsdauer, als weniger gewichtig einzustufen. Dabei können sich die Anforderungen an den wichtigen Grund derart stark relativieren, dass die außerordentliche Kündigung an die Stelle der ordentlichen Kündigung tritt.[130] Das Ergebnis ist paradox, der Vorteil des Ausschlusses der ordentlichen Kündigung führt zur Erleichterung der Voraussetzungen der außerordentlichen Kündigung, im Extremfall bis zu deren Kompensierung.[131]

Die Rechtsprechung[132] stellt bei ihrer Betrachtungsweise auf eine einzelfallbezogene Interessenabwägung ab. Wobei im Rahmen der Interessenabwägung nicht auf die fiktive ordentliche Kündigungsfrist, sondern auf das tatsächliche Vertragsende abzustellen ist. Bei Ausschluss der tarifvertraglich ordentlichen Kündigungsfrist kann sich die dadurch bedingte lange Bindung zu Gunsten oder auch zu Ungunsten des Arbeitnehmers auswirken. Einmalige Vorfälle ohne Wiederholungsgefahr sollen sich dabei zu Gunsten des Arbeitnehmers auswirken. Dauertatbestände sowie Vorfälle mit Wiederholungsgefahr wirken sich aufgrund der langen Vertragsbindung zu Ungunsten des Arbeitnehmers aus.

Dieser Lösungsansatz der Rechtsprechung ist jedoch fragwürdig, da Kündigungen stets von einer negativen Zukunftsprognose getragen werden, welche bei einmaligen Vorfällen ohne Wiederholungsgefahr bereits die Kündigung an sich ausschließt.[133] Däubler[134] weist jedoch in diesem Zusammenhang zu Recht, unter Kritik auf von Koppenfels,[135] darauf hin, dass das BAG stets ein Minimum an Wiederholungsgefahr verlangt habe.

Der von Wank[136] vertretenen Ansatz, nicht auf die tatsächliche Dauer des Vertrages, sondern auf die fiktive Kündigungsfrist abzustellen, ist abzulehnen. Eine fiktive Frist wird in keiner Weise den Interessen des Arbeitgebers gerecht. Die

---

130 Schwerdtner, FS-Kissel, Seite 1079

131 Staudinger(13. Auflage)-Preis § 626 BGB RN 61

132 BAG vom 14.11.1984, EzA § 626 BGB n. F. BGB Nr. 93 = AP Nr. 83 zu § 626 BGB

133 MünchKomm-Schwerdtner § 626 BGB RN 81; Schwerdtner, FS-Kissel, Seite 1080; Stahlhacke-Preis, 8. Auflage 2002, RN 796; Preis, Prinzipien des Kündigungsrechts bei Arbeitsverhältnissen, Seite 486; Walker, Anmerkung zu BAG vom 05.02.1998, EzA § 626 BGB Unkündbarkeit Nr. 2

134 Kittner/Däubler/Zwanziger-Däubler, KSchR, § 626 BGB RN 48

135 von Koppenfels, Seite 68

136 MünchArbR-Wank § 120 RN 20

ordentliche Kündigung ist gerade ausgeschlossen, daher erscheint es wenig sinnvoll auf diese Frist abzustellen.

Im Bereich der ordentlichen Unkündbarkeit ist bei der Interessenabwägung auf die tatsächliche künftige Vertragsdauer abzustellen und nicht, wie im Bereich des § 15 KSchG, auf die fiktive Kündigungsfrist.[137]

I. Der Wertungswiderspruch innerhalb des § 626 Abs. 1 BGB bei tarifvertraglich unkündbaren Arbeitnehmern

Der Wertungswiderspruch ist offenkundig. § 626 Abs. 1 BGB fordert im Rahmen der Interessenabwägung beider Vertragsparteien eine Prüfung, ob die Fortsetzung des Arbeitsverhältnisses bis zur vereinbarten Beendigung des Vertrages zumutbar ist. Soweit die ordentliche Kündigung ausgeschlossen ist, ist auf die tatsächliche zukünftige Vertragsdauer abzustellen. Dadurch läuft jedoch gerade der ordentlich unkündbare Arbeitnehmer Gefahr, eine außerordentliche Kündigung zu erhalten, die bei einem ordentlich kündbaren Arbeitnehmer nur die ordentliche Kündigung rechtfertigen würde. Der besondere Kündigungsschutz würde dem ordentlich unkündbaren Arbeitnehmer zum Nachteil gereicht werden. Sinn und Zweck des Ausschlusses der ordentlichen Kündigung würden unterlaufen werden.

II. Der Wertungswiderspruch und seine Lösung

Schwerdtner[138] hat daher ein zweistufiges Prüfungsverfahren entwickelt.

Auf der ersten Stufen ist zunächst zu prüfen, ob der Arbeitgeber den Arbeitnehmer, sofern die ordentliche Kündigung nicht ausgeschlossen wäre, ausschließlich ordentlich hätte kündigen können, oder ob auch bei ordentlicher Kündbarkeit eine außerordentliche Kündigung in Betracht kommen würde. Kommt auch bei ordentlicher Kündbarkeit eine außerordentliche Kündigung in Betracht, so kann auch der ordentlich unkündbare Arbeitnehmer außerordentlich gekündigt werden.

Kommt bei ordentlicher Kündbarkeit hingegen keine außerordentliche Kündigung, sondern allenfalls eine ordentliche Kündigung in Betracht, so ist auf der

---

[137] KR(7. Auflage)-Fischermeier § 626 BGB RN 302
[138] Schwerdtner, FS-Kissel, Seite 1085 ff.

zweiten Stufen festzustellen, ob unter Beachtung der tatsächlichen langen Vertragsdauer des tariflich geschützten Arbeitnehmers ausnahmsweise eine außerordentliche Kündigung in Betracht kommt. Sofern dieses der Fall ist, ist jedoch die Kündigungsfrist einzuhalten, die auch bei ordentlicher Kündigung einzuhalten wäre. Dadurch wird gewährleistet, dass dem besonders geschützten Arbeitnehmer kein Nachteil im Gegensatz zum kündbaren Arbeitnehmer entsteht.

Die von Schwerdtner vorgeschlagene Prüfung wurde von der Rechtsprechung übernommen.[139]

---

[139] BAG vom12.08.1999, EzA § 626 BGB Verdacht strafbarer Handlungen Nr. 8

Viertes Kapitel: Die Kündigung der ordentlich unkündbaren Arbeitnehmer bei betriebs-, verhaltens- und personenbedingten Gründen

In Ausnahmefällen unterliegt der ordentlich unkündbare Arbeitnehmer einer außerordentlichen Kündigung, die beim kündbaren Arbeitnehmer lediglich eine ordentliche Kündigung gerechtfertigt hätte. Dabei ist im Rahmen der Interessenabwägung auf den Sinn und Zweck der Unkündbarkeitsregeln abzustellen. Die betriebs-, verhaltens- und personenbedingten Gründe sind dabei zu unterscheiden.

A. Die betriebsbedingte Kündigung bei Ausschluss des ordentlichen Kündigungsrechts

Betriebsbedingte Gründe können eine außerordentliche Kündigung grundsätzlich nicht rechtfertigen.[140] Dieser Grundsatz folgt aus § 1 Abs. 2 Satz 1 KSchG, dem ultima-ratio-Prinzip und dem Grundsatz, dass der Arbeitgeber das Wirtschafts- und Betriebsrisiko nicht auf den Arbeitnehmer übertragen darf.[141] Im Grundsatz lässt sich daher festhalten, dass dringende betriebliche Gründe regelmäßig den Arbeitgeber nur zu einer ordentlichen Kündigung berechtigen können. Dieser Ausgangspunkt wurde auch von der Rechtsprechung in verschiedenen Entscheidungen getragen.[142] Für den Betriebsübergang als solchen ist der Ausschluss der Kündigung wegen des Betriebsübergangs ausdrücklich in § 613a Abs. 4 BGB ausgeschlossen.

I. Betriebstilllegung

Auch die Stilllegung eines Betriebs- oder Betriebsteils rechtfertigt grundsätzlich keine außerordentliche Kündigung eines Arbeitnehmers.[143] Andernfalls würde

---

[140] Löwisch/Spinner, Kündigungsschutzgesetz, § 1 KSchG RN 310; Preis/Hamacher, FS-Arbeitsgerichtsbarkeit Rheinland-Pfalz, Seite 250; Stahlhacke-Preis, 8. Auflage 2002, RN 769

[141] BAG vom 28.03.1985, EzA § 626 BGB n. F. Nr. 96; Schwerdtner, FS-Kissel, Seite 1087

[142] BAG vom 07.06.1984, AP Nr. 5 zu § 22 KO (unter B II 6); BAG vom 28.03.1985, AP Nr. 86 zu § 626 BGB (unter B III 2 a); BAG vom 22.07.1992, EzA § 626 BGB n. F. Nr. 141

[143] MünchKomm-Schwerdtner § 626 BGB RN 147; Staudinger(13. Auflage)-Preis § 626 BGB RN 232; BAG vom 08.10.1957, AP Nr. 16 zu § 626 BGB

das Unternehmerrisiko vollständig auf den Arbeitnehmer übertragen werden. Lediglich in den Fällen, in denen ausnahmsweise die ordentliche Kündigung ausgeschlossen ist, wird eine außerordentliche Kündigung von der Rechtsprechung und der h. M. in der Literatur ausnahmsweise zugelassen.[144] Bereits frühzeitig mit Urteil vom 08.10.1957[145] hat der Senat festgehalten, dass lediglich im Betrieb liegende Umstände unpersönlicher Art, niemals einen wichtigen Grund bilden können. Gleichzeitig hat das BAG klargestellt, dass es einen umgekehrten Rechtssatz nicht gebe. Die völlige Betriebsstilllegung eines Betriebs oder Betriebsteils ist stets und immer, so das BAG, ein wichtiger Grund der auch zur Entlassung der unkündbaren Arbeitnehmer ausreichend ist.

Eine außerordentliche Kündigung aus betriebsbedingten Gründen lässt die Rechtsprechung jedoch nur unter bestimmten Voraussetzungen zu. Neben dem Ausschluss der ordentlichen Kündigung, z. B. aus Tarifvertrag, darf eine Versetzung in einen anderen Betrieb des Unternehmens nicht möglich sein.[146] Der Arbeitgeber ist verpflichtet mit allen zumutbaren Mitteln eine Weiterbeschäftigung des Arbeitnehmers zu versuchen.[147]

Der Ausschluss der ordentlichen Kündigung stellt für den Arbeitnehmer einen besonderen Schutz dar. Um den ordentlich unkündbaren Arbeitnehmer nicht schlechter als den ordentlich kündbaren Arbeitnehmer zu stellen, fordert die Rechtsprechung,[148] dass in Fällen der ordentlichen Unkündbarkeit, die gesetzliche oder tarifvertragliche Kündigungsfrist einzuhalten sei, die bei ordentlicher Kündigungsmöglichkeit gelten würde. Durch die außerordentliche Kündigung aus betriebsbedingten Gründen soll dem Umstand in den Fällen Rechnung getragen werden, in denen dem Arbeitgeber die Fortsetzung des Arbeitsverhältnisses unzumutbar ist, weil er über Jahre hinaus, bis zur vertragsgemäßen Beendigung, verpflichtet wäre, das vereinbarte Entgelt zu zahlen, jedoch die Dienste des Arbeitnehmers nicht in Anspruch nehmen kann.[149]

---

[144] BAG vom 28.03.1985, AP Nr. 86 zu § 626 BGB (unter B III 2 b); Soergel-Kraft § 626 BGB RN 64; KR(7. Auflage)-Fischermeier § 626 BGB RN 301

[145] BAG vom 08.10.1957, AP Nr. 16 zu § 626 BGB

[146] Erman(10. Auflage)-Belling § 626 BGB RN 80

[147] BAG vom 05.02.1998, EzA § 6262 BGB Unkündbarkeit Nr. 2

[148] BAG vom 28.03.1985, AP Nr. 86 zu § 626 BGB

[149] BAG vom 05.02.1998, EzA § 626 BGB Unkündbarkeit Nr. 2

II. Außerordentliche Kündigung bei Wegfall der Weiterbeschäftigungsmöglichkeit – das sinnentleerte Arbeitverhältnis in der Rechtsprechung des BAG

Auch wenn der Wegfall jedweder Weiterbeschäftigungsmöglichkeit eine außerordentliche Kündigung grundsätzlich nicht rechtfertigen kann, so sind doch Fälle denkbar, bei denen ein Handlungsbedarf besteht, da die ordentliche Kündigungsmöglichkeit versagt ist, aber dennoch eine Weiterbeschäftigung nicht mehr möglich ist.

1. Fehlende Weiterbeschäftigungsmöglichkeit - sinnentleertes Arbeitsverhältnis - Hamburger Geschäftsführersekretärinnen-Fall Urteil des BAG vom 05.02.1998

Die Rechtsprechung[150] hat sogar eine außerordentliche Kündigung einer unkündbaren Arbeitnehmerin dort zugelassen, wo aufgrund einer innerorganisatorischen Entscheidung lediglich ein Arbeitsplatz weggefallen ist. Vorausgesetzt wurde jedoch, dass dem Arbeitgeber die Weiterbeschäftigung der Arbeitnehmerin auch unter Einsatz sämtlicher zumutbarer Mittel, gegebenenfalls auch durch Umorganisation des Betriebes, nicht möglich war. Dem Sachverhalt lag die Kündigung einer tarifvertraglich unkündbaren Sekretärin der Geschäftsführung zugrunde, deren Arbeitsplatz weggefallen war, weil mit dem Ausscheiden eines Geschäftsführers, für den die Arbeitnehmerin tätig war, die Aufgaben der Geschäftsführung ausschließlich auf den verbleibenden Geschäftsführer übertragen wurden. Der Wegfall des Arbeitsplatzes der tarifvertraglich ordentlich unkündbaren Klägerin folgte allein aufgrund der Unternehmerentscheidung den zweiten Geschäftsführerposten nicht mehr zu besetzen und den damit überflüssig gewordenen Arbeitsplatz der zweiten Geschäftsführersekretärin entfallen zu lassen. Das Gericht war an die Unternehmerentscheidung gebunden, da sie nicht als willkürlich angesehen werden kann.

Die tarifvertragliche Unkündbarkeit fordert einen besonders strengen Prüfungsmaßstab im Rahmen des § 626 Abs. 1 BGB. Sie ist nur ausnahmsweise zulässig, wenn der Arbeitgeber aufgrund der ausgeschlossenen ordentlichen Kündigung Gehalt über einen längeren Zeitraum zahlen müsste, obwohl für die Arbeitskraft keine Verwendung mehr besteht. Dabei werden verschärfte Anforderungen and die Pflicht des Arbeitgebers gestellt, den Arbeitnehmer mit allen zumutbaren

---

150 BAG vom 05.02.1998, EzA § 626 BGB Unkündbarkeit Nr. 2 = AP Nr. 143 zu § 626 BGB

Mitteln weiterzubeschäftigen, gegebenenfalls auch durch Umorganisation. Dabei kann jedoch, wie im Fall der Klägerin, es dem Arbeitgeber unzumutbar sein, die Klägerin in ein völlig neues Gebiet einarbeiten zu müssen, wenn noch nicht einmal feststeht, ob die Klägerin schon in absehbare Zeit oder erst in einigen Jahren altersbedingt ausscheidet.

Trotz der außerordentlichen Kündigung ist der Arbeitgeber aufgrund der tarifvertraglicher Unkündbarkeit zur sozialen Auswahl entsprechend § 1 Abs. 3 KSchG verpflichtet. Im vorliegenden Fall waren jedoch auch die vergleichbaren Arbeitnehmer bereits ordentlich unkündbar und länger als die Klägerin im Unternehmern tätig. Die Klägerin war somit als sozial weniger schutzwürdig anzusehen.

2. Der unkündbare Arbeitnehmer und das Freimachen eines geeigneten Arbeitsplatzes durch Umorganisation Urteil des BAG vom 17.09.1998

Seine Rechtsprechung hat das Gericht bereits mit Urteil vom 17.09.1998[151] fortgeführt. Der Arbeitnehmer war aufgrund einer einzelvertraglichen in Bezugnahme eines Tarifvertrages ordentlich unkündbar. Er hatte gem. §°613a°Abs. 6 BGB einem Betriebsübergang seines Arbeitsverhältnisses widersprochen, nachdem die Arbeitgeberin zuvor mittels Gründung von Tochterfirmen „Outsourcing“ vorgenommen hatte. Die Muttergesellschaft verfügte nunmehr über kein eigenes Rechenzentrum und kündigte das Arbeitsverhältnis, da der Kläger in dem vormaligen Rechenzentrum beschäftigt war. Vom Gericht wurde erneut ein wichtiger Grund im Sinne des § 626 Abs. 1 BGB bejaht, im Rahmen des ultima-ratio-Grundsatzes wurden die Voraussetzungen der außerordentlichen Kündigung jedoch erschwert. Es sind auch solche Arbeitplätze zu berücksichtigen, so führte das Gericht aus, die während der zur Vermeidung von Wertungswidersprüchen zu gewährenden Auslauffrist aufgrund der üblichen Fluktuation als vakant erwartet werden. Die Arbeitgeberin treffe eine Pflicht mit hohen Anforderungen, mit sämtlichen zumutbaren Mitteln, auch durch Umorganisation das Freimachen gleichwertiger geeigneter Arbeitsplätze und damit eine Weiterbeschäftigung im Betrieb oder Unternehmen zu ermöglichen. Den unkündbaren Arbeitnehmer treffe dabei nicht die Pflicht geeignete freie Arbeitsplätze zu benennen.

---

151 BAG vom 17.09.1998, AP Nr. 148 zu § 626 BGB

3. Die Entwicklung der Rechtsprechung in Bezug auf den Wegfall des ursprünglichen Arbeitsplatzes, die Zumutbarkeit der Weiterbeschäftigung von ordentlich unkündbaren Arbeitnehmern auf einen anderen Arbeitsplatz im Unternehmen, sowie die Angleichung der außerordentlichen Kündigung an die ordentliche Beendigung von Arbeitsverhältnissen

Nachdem die Rechtsprechung zunächst nur bei Betriebsstilllegung oder bei Wegfall eines wesentlichen Teils der Aufgaben,[152] einen betriebsbedingten Grund zur außerordentlichen Kündigung des unkündbaren Arbeitnehmers befürwortet hat, erfolgte eine Erweiterung des an sich geeigneten wichtigen Grundes durch Anerkennung von unternehmerischen Entscheidungen.[153] Geschützt ist die unternehmerische Entscheidung auch dann über Art. 2, 12 und 14 GG, wenn sie nur einen Arbeitplatz betrifft. Im Rahmen einer unternehmerischen Entscheidung kann der Arbeitgeber grundsätzlich festsetzen, wie und mit welcher Personaldichte er sein Unternehmen führen will. Die finanziellen Belastungen des durch die unternehmerische Entscheidung herbeigeführten sinnentleerten Arbeitsverhältnisses berechtigen den Arbeitgeber zur Kündigung des unkündbaren Arbeitnehmers, da die Fortsetzung des sinnentleerten Arbeitsverhältnisses unzumutbar sei.[154] Eine unternehmerische Entscheidung ist von den Gerichten grundsätzlich nicht überprüfbar, es kann lediglich eine Prüfung auf Willkür der unternehmerischen Entscheidung erfolgen.

Die Ausweitung des wichtigen Grundes durch die jüngere Rechtsprechung beinhaltete jedoch auf der Ebene der Interessenabwägung, beim ultima-ratio-Prinzip, die Einführung entsprechender Korrekturen. Diese Korrekturen dienen der Vermeidung von Wertungswidersprüchen, damit der unkündbare Arbeitnehmer keine Nachteile im Gegensatz zum kündbaren Mitarbeiter erfährt. Von der Rechtsprechung wird daher zumindest eine Gleichstellung der unkündbaren und kündbaren Arbeitnehmer gefordert. Auswirkungen entstehen daher im Rahmen der verschärften Zumutbarkeit der Weiterbeschäftigung, der Betriebs- und Personalratsanhörung sowie der Einhaltung einer Auslauffrist. Zumindest eine Gleichstellung der außerordentlichen Kündigung des unkündbaren Arbeitneh-

---

152 BAG vom 03.11.1955, AP Nr. 4 zu § 626 BGB; BAG vom 07.06.1984, AP Nr. 5 zu § 22 KO (unter B II 6); BAG vom 28.03.1985, AP Nr. 86 zu § 626 BGB; BAG vom 06.03.1986, AP Nr. 19 zu § 15 KSchG 1969 (unter B II 3 b bb); BAG vom 22.07.1992, EzA § 626 BGB n. F. Nr. 141

153 BAG vom 21.06.1995, AP Nr. 36 zu § 15 KSchG 1969; BAG vom 05.02.1998, AP Nr. 143 zu § 626 BGB; BAG vom 17.09.1998, AP Nr. 148 zu § 626 BGB

154 BAG vom 05.02.1998, EzA § 626 Unkündbarkeit Nr. 2

mers zur ordentlichen Kündigung des kündbaren Arbeitnehmers soll als Folge eintreten.

Bei der außerordentlichen betriebsbedingten Kündigung eines unkündbaren Arbeitsverhältnisses zählt das Fehlen jeglicher anderweitiger Beschäftigungsmöglichkeiten zum wichtigen Grund i. S. v. § 626 Abs. 1 BGB.[155] An die Zumutbarkeit der Weiterbeschäftigung des ordentlich unkündbaren Arbeitnehmers stellt des Bundesarbeitsgericht verschärfte Anforderungen.[156] Damit setzt das Bundesarbeitsgericht gesteigerte Anforderungen an die Prüfung des wichtigen Grundes i. S. d. § 626 Abs. 1 BGB bei den ordentlich Unkündbaren. Der strenge Prüfungsmaßstab umfasst, dass es dem Arbeitgeber zumutbar ist, die Kündigung durch geeignete andere Maßnahmen zu vermeiden. Verlangt werden entsprechende Umorganisationen durch den Arbeitgeber um den tarifvertraglich ordentlich unkündbaren Arbeitnehmer vor der Beendigung seines Arbeitsverhältnisses zu schützen. Auch eine anderweitige Weiterbeschäftigung ggf. nach entsprechender Umschulung ist dem Arbeitgeber zumutbar. Erst wenn sämtliche Lösungsversuche zur Weiterbeschäftigung gescheitert sind kann der wichtige Grund zur außerordentlichen Kündigung mit Auslauffrist vorliegen. Der Rechtsprechung ist im Ergebnis auch zuzustimmen, wenn sie ausführt, dass die ordentliche Unkündbarkeit auch Auswirkungen auf die Zumutbarkeit der Weiterbeschäftigung auf einem Arbeitsplatz in einem anderen Unternehmen hat.[157]

Eine längere Einarbeitungszeit in ein völlig neues Aufgabengebiet kann jedoch nach den Ausführungen des BAG für den Arbeitgeber unzumutbar sein, wenn sich die unkündbare Arbeitnehmerin noch nicht entscheiden kann, ob sie schon in absehbarer Zeit oder erst in einigen Jahren altersbedingt aus dem Erwerbsleben ausscheiden will.[158] Dennoch hat auch in dieser Entscheidung das BAG betont, dass der Arbeitgeber verpflichtet ist, unter Einsatz aller zumutbarer Mittel den unkündbaren Arbeitnehmer weiterzubeschäftigen. Nur wenn eine derartige Weiterbeschäftigung, ggf. auch durch Umorganisation des Betriebes nicht möglich ist, besteht die Möglichkeit der außerordentlichen Kündigung des unkündbaren Arbeitsverhältnisses unter Bejahung des wichtigen Grundes gem. § 626 Abs. 1 BGB.

Auch das Freimachen geeigneter gleichwertiger Arbeitsplätze durch den Arbeitgeber bei der beabsichtigten Kündigung eines Betriebsratsmitgliedes wird durch

---

[155] BAG vom 08.04.2003, AP Nr. 181 zu § 626 BGB = EzA § 626 BGB 2002 Unkündbarkeit Nr. 2

[156] Stahlhacke-Preis, 8. Auflage 2002, RN 824

[157] LAG Hamm vom 11.10.1995, LAGE § 626 BGB Nr. 92

[158] BAG vom 05.02.1998, AP Nr. 143 zu § 626 BGB (unter II 3 f)

das BAG gefordert.[159] Dadurch soll die Kontinuität des Betriebsrates erhalten bleiben. Bei den absoluten gesetzlichen Kündigungsverboten betriebsverfassungsrechtlicher Mandatsträger dient der gesetzliche Ausschluss der ordentlichen Kündigung dazu, jede Störung der Betriebsratstätigkeit zu verhindern, den jeweiligen Funktionsträgern sowohl bei ihrer Wahl als auch während ihrer Amtsführung die notwendige persönliche Unabhängigkeit zu gewähren, die Funktionsfähigkeit des Gremiums zu wahren und die Kontinuität ihrer Amtsführung zu sichern.[160]

Als Resümee dieser Entwicklung in der Rechtsprechung lässt sich festhalten, dass der außerordentliche gekündigte unkündbare Arbeitnehmer dem ordentlich kündbaren Arbeitnehmer eine Gleichstellung bei den Kündigungsfolgen erfahren hat. Lediglich in den der Kündigung vorgelagerten Bedingungen, den Voraussetzungen an mögliche Weiterbeschäftigungen, erhält der unkündbare Arbeitnehmer eine Besserstellung gegenüber seinem kündbaren Kollegen. Dieses Ergebnis versetzt in ein gewisses Erstaunen, wollte man doch gerade den unkündbaren Arbeitnehmer in eine grundsätzlich bessere Position setzen. Tatsächlich ist nach Auffassung der Rechtsprechung der Unkündbare in Gegensatz zum Kündbaren außerordentlich kündbar aufgrund einer Unternehmerentscheidung, der kündbare Arbeitnehmer ist jedoch aufgrund einer Unternehmerentscheidung nicht außerordentlich, sondern nur ordentlich zu kündigen. Bei der Korrektur erhält der besser zu schützende unkündbare Mitarbeiter lediglich eine Gleichstellung.

In diesem Zusammenhang darf jedoch nicht vergessen werden, dass zwar bei den Folgen der Kündigung, Einhaltung der Kündigungsfrist, lediglich eine Gleichstellung zwischen kündbaren und unkündbaren Arbeitnehmern erfolgt, im Ansatz, bei der Prüfung der Kündigungsmöglichkeit jedoch bereits eine erhebliche Besserstellung des unkündbaren Arbeitnehmers erfolgt. Diese erhebliche Besserstellung darf nicht unterschätzt werden, bildet sie doch die eigentliche Grundlage der Kündigung bzw. versagt sie sogar die Kündigungsmöglichkeit bei Fehlen einer der engen Voraussetzungen.

---

159 BAG vom 18.10.2000, AP Nr. 49 zu § 15 KSchG 1969 = NZA 2001, 321;BAG vom 13.06.2002, EzA § 15 KSchG n. F. Nr. 55 = AP Nr. 97 zu § 615 BGB

160 vgl. Begründung zum Regierungsentwurf der Bundesregierung zu einem Kündigungsschutzgesetz vom 23.01.1951, abgedruckt in RdA 1951, 58 (65); vgl. Begründung zum Regierungsentwurf, BT-Drucks. VI/1786 Seite 53; BAG vom 17.02.1983, AP Nr. 14 zu § 15 KSchG 1969 (unter B IV 2); v. Hoyningen-Huene/Linck KSchG § 15 KSchG RN 1; GK-SchwbG-Schimanski § 26 RN 47; Berkowsky, Die betriebsbedingte Kündigung, § 13 RN 2, Seite 364

Der ordentlich unkündbare Arbeitnehmer ist gegenüber dem kündbaren Arbeitnehmer besser zu stellen. Preis[161] gibt daher zu bedenken, dass im Falle einer ausnahmsweise zulässigen außerordentlichen Kündigung des unkündbaren Arbeitnehmers aufgrund einer Betriebsschließung oder sonstiger Gründe die den vollständigen Wegfall des Arbeitsplatzes begründen, der Kündigende nicht nur die Frist einzuhalten habe die gelten würde, wenn der Arbeitnehmer ordentlich kündbar wäre, sondern eine längere Frist. Denkbar wäre in einem solchen Fall die längste gesetzliche oder tarifvertragliche Kündigungsfrist. Dieser Gedanke wird von Preis[162] damit begründet, dass der unkündbare Arbeitnehmer gerade gegenüber dem kündbaren Arbeitnehmer besser gestellt werden soll.

Die Einhaltung der längsten gesetzlichen oder tarifvertraglichen Kündigungsfrist ist jedoch für eine Besserstellung des unkündbaren Arbeitnehmers nicht zwingend erforderlich. In dem grundsätzlichen Ausschluss der ordentlichen Kündigung liegt bereits eine erhebliche Besserstellung. Die Kündigungsmöglichkeit der außerordentlichen Kündigung greift beim unkündbaren Arbeitnehmer nur in eng geregelten Ausnahmefällen, in denen die außerordentliche Kündigung statt der ausgeschlossenen ordentlichen Kündigung zugelassen wird. In diesen engen Ausnahmefällen bedarf es keiner weiteren Besserstellung des unkündbaren Mitarbeiters, da gerade in diesen Ausnahmefällen die Interessen des kündigenden Arbeitgebers aufgrund der Ausnahmesituation einer entsprechenden Berücksichtigung bedürfen. Eine weitere Besserstellung des unkündbaren Arbeitnehmers durch Einhaltung der längsten Kündigungsfrist würde den Interessen des kündigenden Arbeitgebers in dieser Ausnahmesituation entgegen laufen. Die außerordentliche Kündigung bildet gerade eine Korrektur der, durch die Unkündbarkeit entstandenen nicht mehr tragbaren Bindung des Arbeitgebers, in der Ausnahmesituation, Zahlung von Gehaltsansprüchen, obwohl langfristig ein Einsatz des Mitarbeiters trotz sämtlicher Bemühungen nicht möglich ist. Das Verlangen einer längeren Kündigungsfrist in diesen Ausnahmefällen würde zu einem unangemessenen Missverhältnis führen und gerade die Ausnahmesituation unberücksichtigt lassen. Entsprechend wurde bereits von Herschel[163] in seiner Urteilsanmerkung zum Urteil vom 28.03.1985 des 2. Senates argumentiert.

---

[161] Stahlhacke-Preis, 8. Auflage 2002, RN 822

[162] Stahlhacke-Preis, 8. Auflage 2002, RN 822

[163] Herschel, Anmerkung zu BAG vom 28.03.1986, AP Nr. 86 zu § 626 BGB

4. Auslegung der Tarifnorm und Berücksichtigung der vorgegebenen tariflichen Möglichkeiten bei Unzumutbarkeit der Weiterbeschäftigung des sonst tariflich ordentlich unkündbaren Arbeitnehmers

In seinem Urteil vom 08.04.2003[164] stellt das BAG fest, dass die besondere Ausgestaltung des tariflichen Sonderkündigungsschutzes stets bei der Abgrenzung zu berücksichtigen ist, unter welchen Voraussetzungen eine außerordentliche Kündigung mit notwendigen Auslauffrist aus betrieblichen Gründen, gegenüber dem tarifvertraglich ordentlich unkündbaren Arbeitnehmer, zulässig ist.

Lassen sich im anwendbaren Tarifvertrag im einzelnen Regelungen finden, unter welchen Voraussetzungen gegenüber dem ansonsten tarifvertraglich ordentlich unkündbaren Arbeitnehmer eine Beendigungs- oder Änderungskündigung aus betrieblichen Gründen zulässig ist, so ist darin stets zu erkennen, dass es dem Willen der Tarifvertragsparteien entspricht, dass in erster Linie diese Kündigungsmöglichkeiten in Betracht kommen sollen, wenn eine Weiterbeschäftigung des Arbeitnehmers an seinem angestammten Arbeitsplatz aus betrieblichen Gründen nicht mehr möglich ist.

Werden im Tarifvertrag bereits Lösungsmöglichkeiten zur Verfügung gestellt, die es dem Arbeitgeber ermöglichen, dass unzumutbar gewordene Arbeitsverhältnis zu lösen, so hat der Arbeitgeber zunächst von diesen tariflichen Regelungen Gebrauch zu machen. Eine außerordentliche Kündigung mit Auslauffrist gegenüber einen tarifvertraglich sonst ordentlich unkündbaren Arbeitnehmer kommt nur in Betracht, wenn feststeht, dass vorgegebenen tariflichen Lösungsmöglichkeiten versagen.

Lässt der Tarifvertrag, in den wesentlichen Fällen betriebsbedingter Gründe eine ordentliche Beendigungskündigung und darüber hinaus eine Änderungskündigung zu, so kommt die außerordentliche betriebsbedingte Kündigung mit Auslauffrist nur in seltenen Extremfällen zur Anwendung, wenn die Fortführung des Arbeitsverhältnisses zu einem sinnentleerten Arbeitsverhältnis führen würde. Es sind daher immer sorgsam die vom Tarifvertrag vorgegebenen Möglichkeiten zu prüfen und zu beachten, da die Betriebsratsanhörung jeweils eine andere ist, und dem Betriebsrat auch die Kündigungsart mitzuteilen ist. In der Praxis können hier für den Arbeitgeber erhebliche Probleme auftreten.

---

[164] BAG vom 08.04.2003, AP Nr. 181 zu § 626 BGB = EzA § 626 BGB 2002 Unkündbarkeit Nr. 2

5. Die Darlegungs- und Beweislast bezüglich des Fehlens einer anderweitigen Beschäftigungsmöglichkeit bei ordentlich unkündbaren Arbeitsverhältnissen Urteil des BAG vom 08.04.2003

Mit Urteil vom 08.04.2003[165] hat das Bundesarbeitsgericht die Darlegungs- und Beweislast bezüglich des Fehlens einer anderweitigen Beschäftigungsmöglichkeit bei ordentlich unkündbaren Arbeitsverhältnissen näher dargestellt.

Der Kläger war Druckereimechaniker-Vorarbeiter. Der vereinbarungsgemäß anzuwendenden Tarifvertrag sah eine ordentliche Unkündbarkeit nach einer Beschäftigungszeit von 15 Jahren und einer Vollendung des Lebensalters von 40 Jahren vor. Diese Voraussetzungen wurden vom 1950 geborenen Kläger erfüllt. Der Arbeitgeber kündigte dem Kläger mit Schreiben vom 26.04.2000 außerordentlich mit Auslauffrist und führte aus, die Stelle des Klägers sei bereits seit 1996 gestrichen worden und es bestünde keinen Bedarf für die Tätigkeit des Klägers als Druckereimechaniker-Vorarbeiter.

Kurz nach Streichung der Stelle wurde dem Kläger bereits zum ersten Mal gekündigt. Nachdem das LAG rechtskräftig die Unwirksamkeit dieser Kündigung festgestellt hatte, wurde der Kläger zunächst ab März 1999 für ca. 8 ½ Monate bis Mitte November 1999 in seinem alten Bereich weiterbeschäftigt, danach jedoch von der Arbeit freigestellt.

Der Kläger hält auch die erneute Kündigung vom 26.04.2000 für unwirksam und macht geltend, er könne von der Beklagten mit seinen bisherigen Aufgaben oder anderen Aufgaben weiterbeschäftigt werden. Bei seiner Weiterbeschäftigung nach dem ersten Kündigungsschutzverfahren hat der Kläger zahlreiche Überstunden abgeleistet, ebenso wie seine anderen Kollegen aus der selben Abteilung.

Nach Auffassung des Beklagten sei mit der Ersetzung der Triefdruckpresse durch die Offsetpresse die vom Kläger besetzte Stelle weggefallen. Die zunächst erfolgte Weiterbeschäftigung des Klägers für ca. 8 ½ Monate sei auf einer undokumentierten Stelle erfolgt. Der Kläger habe während seiner Weiterbeschäftigung nur 44 Überstunden abgeleistet, im Gegensatz zu seinen Kollegen mit 538 Überstunden. Die Funktion der Stelle des Klägers sei vollständig weggefallen, eine Beaufsichtigung der anderen Mitarbeiter durch den Kläger sei nicht mehr

[165] BAG vom 08.04.2003 - 2 AZR 355/02, EzA § 626 BGB 2002 Unkündbarkeit Nr. 2

erforderlich und die wenigen Verwaltungsaufgaben würden jetzt in der Verwaltung wahrgenommen werden.

Nach ständiger Senatsrechtsprechung[166] kann auch ein tarifvertraglich ordentlich unkündbarer Arbeitnehmer in Ausnahmefällen betriebsbedingt außerordentlich gem. § 626 Abs. 1 BGB mit Auslauffrist gekündigt werden.

Eine betriebsbedingte außerordentliche ***fristlose*** Kündigung gem. § 626 Abs. 1 BGB kommt hingegen auch beim tariflich unkündbaren Arbeitnehmer nicht in Betracht. Prüfungsmaßstab ist hierbei, ob es dem Arbeitgeber zuzumuten ist, einen vergleichbaren kündbaren Arbeitnehmer bis zum Ablauf der Kündigungsfrist (fiktiven Kündigungsfrist) weiterzubeschäftigen. Eine derartige Zumutbarkeit wird bei der betriebsbedingten Kündigung regelmäßig, sogar im Insolvenzfall des Arbeitgebers, bejaht. Der Annahmeverzugslohn des Arbeitgebers, ohne dass eine Verwendung der Arbeitskraft des Arbeitnehmers bis zum Ablauf der Kündigungsfrist möglich ist, verwirklicht lediglich das Unternehmerrisiko des Arbeitgebers.[167]

Die außerordentlich Kündigung mit notwendiger Auslauffrist kommt allerdings auch beim ordentlich unkündbaren Arbeitnehmer in Betracht, wenn ein wichtiger Grund zur Kündigung gerade darin zu sehen ist, dass der Arbeitgeber aufgrund der tariflichen ordentlichen Unkündbarkeit des Arbeitnehmers diesen bis zum erreichen der Pensionsgrenze weiterbeschäftigen müsste und gerade diese Weiterbeschäftigung dem Arbeitgeber nicht zuzumuten ist.

Eine derartige Kündigung kommt nur in extremen Ausnahmefällen in Betracht. Vorausgesetzt wird, dass dem Arbeitgeber aufgrund des tarifvertraglichen Kündigungsausschlusses Unmögliches oder evident Unmögliches abverlangt wird. Dies kann der Fall sein, wenn ein sinnloses Arbeitsverhältnis über viele Jahre hinweg allein aufgrund der Gehaltszahlungen bestehen würde, ohne dass eine entsprechende Gegenleistung gegenüber steht. Der Prüfungsmaßstab ist hier als streng zu bewerten, zunächst muss versucht werden geeignete Maßnahmen zu treffen die Kündigung zu vermeiden, z. B. durch Umorganisation oder Umschulung. Der Umfang der Zumutbarkeit liegt hier wesentlich höher als bei der betriebsbedingten Kündigung eines kündbaren Arbeitnehmers.

Diese gesteigerten Anforderungen an den Prüfungsmaßstab des wichtigen Grundes i. S. v. § 626 Abs. 1 BGB bei ordentlich unkündbaren Arbeitnehmern ent-

---

166 BAG vom 05.02.98, AP Nr. 143 zu § 626 BGB = EzA § 626 BGB Unkündbarkeit Nr. 2; BAG vom 13.06.2002, AP Nr. 97 zu § 615 BGB

167 BAG vom 13.06.2002, AP Nr. 97 zu § 615 BGB

spricht nach der Senatsrechtsprechung[168] auch der gesteigerten Darlegungs- und Beweislast des Arbeitgebers. Selbst im öffentlichen Dienst sind Extremfälle denkbar, in denen auch einem nach § 55 BAT tariflich unkündbaren Angestellten des öffentlichen Dienstes, nach § 626 BGB unter Gewährung einer notwendigen Auslauffrist außerordentlich betriebsbedingt gekündigt werden kann.[169] Vom Arbeitgeber sind die Gehaltszahlungen über viele Jahre hinweg, ohne eine entsprechende gegenüberstehende Arbeitsleistung, darzulegen. Des Weiteren hat der Arbeitgeber darzulegen, dass keine Möglichkeit der Fortsetzung des Arbeitsverhältnisses besteht, auch nicht nach Erwägung einer anderweitigen Weiterbeschäftigung nach Umschulung oder entsprechender Umorganisation. Vom Arbeitgeber sind damit in vollem Umfang das sinnentleerte Arbeitsverhältnis darzulegen. Im Gegensatz zur betriebsbedingten ordentlichen Kündigung reicht es dabei nicht, wenn der Arbeitgeber zunächst nur anführt, eine Weiterbeschäftigung des Arbeitnehmers sei aufgrund des weggefallenen Arbeitsplatzes nicht möglich, und sodann zunächst die Darlegungen des Arbeitnehmers abwartet, wie sich dieser eine Weiterbeschäftigung vorstellt.

Das Fehlen jeglicher anderweitiger Beschäftigungsmöglichkeit, ob durch Umschulung oder Umorganisation, sind vom Arbeitgeber darzulegen, da sie zum wichtigen Grund i. S. v. § 626 Abs. 1 BGB zählen.

In dem zur Entscheidung vorgelegten Fall, waren unstreitig Überstunden beim Kläger und seinen Kollegen angefallen. Dies lässt auf eine Weiterbeschäftigungsmöglichkeit vermuten. Der Arbeitgeber hat nicht hinreichend konkret vorgetragen, weshalb eine Weiterbeschäftigung des Klägers nicht in Betracht kommt. Des Weiteren wurde vom Arbeitgeber nicht dargelegt, warum nicht der Versuch unternommen wurde, den Kläger fort- oder weiterzubilden um mit einer Umschulung dessen Weiterbeschäftigung zu erreichen.

6. Lösungsansätze in der Literatur bei Unzumutbarkeit der Weiterbeschäftigung des unkündbaren Arbeitnehmers ausnahmsweise eine ordentliche Kündigung zuzulassen

Von Schwerdtner[170] wird die Frage gestellt, ob auch eine Interpretation der tarifvertraglichen Regeln dahingehend möglich ist, dass die ordentliche Kündigung nur insoweit ausgeschlossen werden soll, als der Ausschluss nicht zum

---

168 BAG vom 27.06.2002, AP Nr. 4 zu § 55 BAT; BAG vom 13.06.2002, AP Nr. 97 zu § 615 BGB

169 BAG vom 27.06.2002, AP Nr. 4 zu § 55 BAT

170 MünchKomm-Schwerdtner § 626 BGB RN 149

Nachteil des Arbeitnehmers gereicht werden kann. Gleichzeitig wird von Schwerdtner[171] die Frage aufgeworfen, ob es nicht sachgerecht sei in analoger Anwendung der §§ 9, 10 KSchG eine entsprechende Entschädigung zu zahlen. Entgegen der vertraglichen Vereinbarung, so gibt Schwerdtner zu bedenken, wird dem unkündbaren Mitarbeiter im Grunde rechtswidrig sein Arbeitsplatz entzogen.

Eine entsprechende Interpretation findet sich bei Oetker.[172] Dort, wo dem Arbeitgeber zwar die Fortsetzung des Arbeitsverhältnisses bis zur fiktiven Kündigungsfrist, nicht aber bis zum vertraglichen Ende zugemutet werden kann, sind nach seiner Auffassung die tarifvertraglichen Unkündbarkeitsregeln nicht anwendbar. Der Arbeitgeber ist zum Ausspruch einer ordentlichen Kündigung berechtigt.[173]

Bei evidenter Unzumutbarkeit das Arbeitsverhältnis auf Dauer fortzusetzen, hält Bröhl[174] ebenfalls die ordentliche Kündigung für ausnahmsweise zulässig.

Stellungnahme

Da die Rechtsprechung den Weg der außerordentlichen Kündigung unter Einhaltung der ordentlichen Kündigungsfrist gewählt hat, sollten m. E. dieser Weg sicherlich in der Praxis beschritten werden. Andernfalls wäre die Kündigung bereits wegen nicht ordnungsgemäßer Betriebsratsanhörung unzulässig. Bei der Betriebsratsanhörung ist die Art der Kündigung, ordentliche oder außerordentliche mit Auslauffrist, zu nennen. Eine fehlerhafte Betriebsratsanhörung wurde zweifelsfrei zur Rechtswidrigkeit der Kündigung führen.

In der theoretischen Diskussion sind beide Wege - ordentliche oder außerordentliche Kündigung - gut vertretbar, auch wenn sie letztendlich zum selben Ergebnis führen, Beendigung des Arbeitsverhältnisses unter Beachtung der ordentlichen Kündigungsfrist. Auch im Ansatz stimmen beide Auffassungen überein, der tarifvertraglich unkündbare Arbeitnehmer darf nicht schlechter gestellt werden als der kündbare Arbeitnehmer. Lediglich der Weg ist unterschiedlich. Eine Unterscheidung ist auch bei der zu beachtenden Frist des § 626 Ab. 2 BGB gegeben. Während die Zweiwochenfrist bei der außerordentlichen Kündigung zu beachten ist, kommt sie bei der ordentlichen Kündigung nicht zum Tragen. Hier kann die Kündigung allenfalls wegen Verwirkung ausgeschlossen sein. Die Zweiwochenfrist des § 626 Abs. 2 BGB gibt dem zu kündigenden Arbeitnehmer

---

171 MünchKomm-Schwerdtner § 626 BGB RN 149, 150
172 Oetker, ZfA 2001, 338
173 Oetker, ZfA 2001, 340
174 Bröhl, FS-Schaub, Seite 67 ff.

einen nicht zu unterschätzenden Vorteil, wenn man bedenkt, dass innerhalb der Zweiwochenfrist die Betriebsratsanhörung durchzuführen ist und darüber hinaus der Arbeitnehmer zeitnah über das Ergebnis der Kündigungsentscheidung des Arbeitgebers in Kenntnis gesetzt werden muss.

Auf der anderen Seite relativiert sich dieser Vorteil auch. Insbesondere bei den wohl im Bereich der unkündbaren Arbeitnehmer häufig anzutreffenden betriebsbedingten Kündigungen spielt die Zweiwochenfrist des § 626 Abs. 2 BGB eine nur untergeordnete Rolle, da die Frist nach neuster Rechtsprechung stets mit jeder weiteren Gehaltsfortzahlung ohne Beschäftigungsmöglichkeit erneut zu laufen beginnt. Es liegt insoweit ein Dauertatbestand vor.

Im Ergebnis sollte letztendlich der Weg der ausnahmsweise zulässigen außerordentlichen Kündigung gewählt werden. Beim unkündbaren Arbeitnehmer ist die ordentliche Kündigung gerade ausgeschlossen. Der Ausschluss der ordentlichen Kündigung ist auch rechtlich möglich. Die außerordentliche Kündigung kann hingegen im Gegensatz zur ordentlichen Kündigung nicht ausgeschlossen werden. Daher erscheint der Weg der Rechtsprechung, die außerordentliche Kündigung in engumgrenzten Fällen ausnahmsweise zuzulassen dogmatisch klarer zu sein. Anzumerken ist auch, dass bei Ausschluss des ordentlichen Kündigungsrecht der Arbeitnehmer nicht vor jeder Art von Kündigung geschützt werden sollte. Gerade in extremen Ausnahmefällen sollte die Kündigung erhalten bleiben. Nur in diesen extremen Ausnahmefällen wird auch die außerordentliche Kündigung ausnahmsweise zugelassen.

III. Die betriebsbedingte ausnahmsweise zulässige außerordentliche Kündigung des unkündbaren Arbeitnehmers und ihre Grenzen

Dringende betriebliche Gründe können grundsätzlich nur eine ordentliche Kündigung rechtfertigen. Dieser Grundsatz folgt aus dem ultima-ratio-Prinzip und dem Grundsatz, dass der Arbeitgeber das Wirtschaftsrisiko zu tragen hat und es nicht auf den Arbeitnehmer abschieben kann. Im Bereich der ordentlichen Unkündbarkeit wird jedoch eine Ausnahmeregelung vorgenommen. Mit Urteil vom 08.10.19957[175] hat das BAG bereits festgestellt, dass es keinen Rechtssatz gebe, nachdem ein wichtiger Grund niemals in betrieblichen Umständen gefunden werden kann, es aber ebenso auch keinen umgekehrten Rechtssatz gebe, das die völlige Betriebsstilllegung stets einen wichtigen Grund bilde, die Arbeitsverhältnisse der sonst unkündbaren Arbeitnehmer zu beenden.

---

[175] BAG vom 08.10.1957, AP Nr. 16 zu § 626 BGB

1. Gesetzliche Anhaltspunkte der Grenzziehung

Bestimmte Tatsachen die stets und immer einen wichtigen Grund nach § 626 BGB bilden und damit als eine Art absolute Kündigungsgründe anzusehen sind, sind nicht anerkannt. Um eine Eingrenzung zu ermöglichen lässt sich jedoch möglicherweise mit der Wertung des Gesetzes arbeiten.

Das Bundesarbeitsgericht stellt mit seinem Urteil vom 05.02.1998[176] die unzumutbare wirtschaftliche Belastung unter anderem dahingehend fest, indem auf den Arbeitgeber Lohnkosten von möglicherweise weiteren 5 Jahren zukommen würden, ohne dass im Gegenzug eine Verwendungsmöglichkeit der Arbeitnehmerin besteht. Aus diesen Feststellungen leitet Walker[177] eine Unzumutbarkeit für den Arbeitgeber ab, Lohnkosten von mehr als 5 Jahren tragen zu müssen, ohne eine entsprechende Gegenleistung erhalten zu können. Die 5 Jahresgrenze soll demnach eine Art absoluten Kündigungsgrund für die Arbeitgeberkündigung bilden.

Bei einer Betrachtung des § 15 Abs. 4 TzBfG, der seit dem 01.01.2001 für den Bereich der Arbeitsverhältnisse die Regelung des § 624 BGB abgelöst hat, könnte man zu einer anderen Schussfolgerungen als Walker kommen. § 15 Abs. 4 TzBfG gibt dem Arbeitnehmer nach Ablauf von 5 Jahren ein Kündigungsrecht mit einer Kündigungsfrist von 6 Monaten. Das Kündigungsrecht entsteht dabei erst nach Ablauf der Fünfjahresfrist.[178] Eine Kündigung nach 4 Jahren und 6 Monaten unter Einhaltung der halbjährigen Kündigungsfrist mit Beendigungszeitpunkt nach 5 Jahren ist ausgeschlossen. Eine derartige vorzeige Kündigung ist in eine fristgemäße Kündigung umzudeuten, unter Einhaltung der Fünfjahresfrist bis zum Kündigungsausspruch.[179] Selbst der Arbeitnehmer kann sich unter Anwendung des § 15 Abs. 4 TzBfG unter Respektierung der darin enthaltenen Kündigungsfrist aus einem Arbeitsverhältnis erst zu einem Beendigungszeitpunkt von 5 Jahren und 6 Monaten verabschieden. Eine 5 Jahresgrenze als absoluten Kündigungsgrund auf Arbeitgeberseite erscheint bereits daher fragwürdig.

Des Weiteren ist festzuhalten, dass § 15 Abs. 4 TzBfG allein dem Arbeitnehmer unter Einhaltung der Fristen ein Kündigungsrecht einräumt. In der Verhinderung an eine überlange Bindung an das Arbeitsverhältnis und dem damit verbundenen Schutz der persönlichen Freiheit des Arbeitnehmers ist der Sinn und Zweck die-

---

176 BAG vom 05.02.1998, AP Nr. 143 zu § 626 BGB (unter II 3 d)

177 Walker, Anmerkung zu BAG vom 05.02.1998, EzA § 626 BGB Unkündbarkeit Nr. 2

178 ErfKomm(2. Auflage)-Müller-Glöge § 624 BGB RN 14

179 MünchKomm-Schwerdtner § 624 RN 15; Staudinger(13. Auflage)-Preis §624 BGB RN 22; Erman(10. Auflage)-Belling § 624 RN 5

ser Norm zu finden.[180] Aufgrund dieser zwingenden Kündigungsmöglichkeit auf Arbeitnehmerseite ist eine lebenslange Bindung des Arbeitnehmers nicht gem. §°138°Abs.°1°BGB als sittenwidrig einzustufen.[181] In § 15 Abs. 4 TzBfG gibt der Gesetzgeber jedoch ausschließlich dem Arbeitnehmer dieses Kündigungsrecht, eine Schutzwürdigkeit des Arbeitgebers in diesem Maße besteht nach dem Willen des Gesetzgebers offensichtlich nicht. Die Regeln des § 15 Abs. 4 TzBfG im Umkehrschluss auf die arbeitgeberseitige Kündigung zu übertragen, erscheint daher auch aus diesem Ansatzpunkt als fragwürdig und schwer nachvollziehbar. Eine Arbeitgeberbindung auf dessen Lebenszeit ist wirksam möglich.[182] Eine Trennung durch den Arbeitgeber aus einer derartigen lebenslangen Bindung kann nur aufgrund eines wichtigen Grundes i. S. d. § 626 Abs. 1 BGB erfolgen. Wobei der wichtige Grund nicht eine über fünfjährige Bindung des Arbeitgebers darstellt. Ein derartiger Zirkelschluss widerspricht dem Sinn und Zweck des § 15 Abs. 4 TzBfG und ist daher nicht geeignet einen absoluten Kündigungsgrund i. S. d. § 626 Abs. 1 BGB zu bilden, auch wenn möglicherweise Lohnzahlungskosten auf den Arbeitgeber zukommen, die einer Gegenleistung durch den Arbeitnehmer entbehren.

Aufgrund der aufgezeigten Zusammenhänge, ergibt sich aus § 15 Abs. 4 TzBfG, dass der Arbeitgeber sich auch über einen fünfjährigen Zeitraum hinaus binden kann.

Inwieweit § 15 Abs. 4 KSchG entsprechende Rückschlüsse zulässt, ist als problematisch einzustufen. Bei der Lösung des Wertungswiderspruchs bei der Kündigung ordentlich unkündbarer Arbeitnehmer hat das BAG mit Urteil vom 07.06.1984[183] eine Rechtsanalogie zu § 15 Abs. 4 KSchG in Betracht gezogen. Danach ist die Kündigung von Betriebsratsmitgliedern bei Betriebsstilllegungen frühestens im Zeitpunkt der Stilllegung zulässig, es sei denn, dass die Kündigung zu einem früheren Zeitpunkt durch zwingende betriebliche Erfordernisse bedingt ist. Nach dieser Auffassung soll über die analoge Anwendung von § 15

---

[180] BAG vom 19.12.1991, AP Nr. 2 zu § 624 BGB (unter II 3 b cc); BAG vom 24.10.1996, EzA Art. 12 GG Nr. 29; MünchKomm-Schwerdtner § 624 RN 1; KR(7. Auflage)-Fischermeier § 624 BGB RN 1; Soergel-Kraft § 624 RN 1; Staudinger(12. Auflage)-Neumann § 624 RN 1

[181] Oetker, Das Dauerschuldverhältnis und seine Beendigung, Seite 466; Staudinger (13. Auflage)-Preis § 624 BGB RN 1; Erman(9. Auflage)-Hanau § 624 BGB RN 1; Kania/Kramer, RdA 1995, 287 (288); Kramer, Kündigungsvereinbarungen im Arbeitsvertrag, Seite 32; vgl. auch BAG vom 25.03.2004 - 2 AZR 153/03 - Pressemitteilung des BAG Nr. 18/04

[182] BAG vom 22.04.1986, NJW-RR 1986, 982 (983); Staudinger(13. Auflage)-Preis § 624 BGB RN 7; Erman(9. Auflage)-Hanau § 624 BGB RN 6; ErfKomm(2. Auflage)-Müller-Glöge § 624 BGB RN 2, 18

[183] BAG vom 07.06.1984, AP Nr. 5 zu § 22 KO (unter B II 6)

Abs. 4 KSchG trotz der tarifvertraglichen Unkündbarkeit bei Wegfall des Arbeitsplatzes ausnahmsweise eine ordentliche betriebsbedingte Kündigung möglich sein. Die überwiegende Auffassung[184] lehnt inzwischen eine entsprechende Anwendung ab. Die durch § 15 Abs. 4 KSchG eröffnete Möglichkeit einer ordentlichen Kündigung soll jedoch gerade in den vorliegenden Fällen der ordentlichen Unkündbarkeit ausgeschlossen werden.[185] Darüber hinaus ermöglich § 15 Abs. 4 KSchG eine ordentliche Kündigungsmöglichkeit nur im Fall der Betriebsstilllegung, eine betrieblich bedingte Beendigung des ordentlich unkündbaren Arbeitsverhältnisses wird jedoch von der Rechtsprechung auch anerkannt bei Wegfall des Arbeitsplatzes aufgrund einer Unternehmerentscheidung.[186] Eine Vergleichbarkeit ist daher abzulehnen.

Der gänzliche Ausschluss der außerordentlichen Kündigung aufgrund von gesetzlichen Regelungen ist nicht möglich. Durch gesetzliche Regelungen können die Grenzen einer außerordentlichen Kündigung lediglich näher konkretisiert werden. Wie sich aus der Wertung des Gesetzes entnehmen lässt berechtigen selbst außerordentliche Störungen des Unternehmens, wie z. B. die Eröffnung des Insolvenzverfahrens, nicht allein zur außerordentlichen Kündigung.[187] § 113 Abs. 1 Satz 1 InsO eröffnet auch bei ordentlich unkündbaren Arbeitsverhältnissen eine Beendigung mit einer dreimonatigen Kündigungsfrist im Rahmen einer ordentlichen Kündigung.[188]

Eine vergleichbare gesetzliche Wertung ergibt sich auch aus § 1 KSchG. Dringende betriebliche Interessen rechtfertigen auch nach § 1 KSchG lediglich eine ordentliche Beendigung des Arbeitsverhältnisses.

In Anbetracht dieser gesetzlichen Wertungen setzt eine außerordentliche Kündigung nach § 626 BGB daher das Hinzutreten weiterer Faktoren voraus, um im Rahmen einer Interessenabwägung nach § 626 Abs. 1 BGB die Unzumutbarkeit der Fortsetzung des Arbeitsverhältnisses auf Arbeitgeberseite feststellen zu können. Gesetzliche Wertungen bilden keinen konkreten Ansatz bei der Grenzzie-

---

184 BAG vom 28.03.1985, AP Nr. 86 zu § 626 BGB (unter B II 2 b); KR(7. Auflage)-Fischermeier § 626 BGB RN 304; befürwortend: Buchner Anm. zu BAG vom 28.03.1985 EzA § 626 BGB n. F. Nr. 96

185 MünchKomm-Schwerdtner § 626 BGB RN 147; Schwerdtner, FS-Kissel, Seite 1085; Walker, Anmerkung zu BAG vom 05.02.1998, EzA § 626 BGB Unkündbarkeit Nr. 2; BAG vom 28.03.1985, AP Nr. 86 zu § 626 BGB (unter B II 2 b)

186 siehe: BAG vom 05.02.1998, AP Nr. 143 zu § 626 BGB

187 MünchKomm-Schwerdtner § 626 BGB RN 152; KR(7. Auflage)-Fischermeier § 626 BGB RN 170; MünchArbR-Wank § 120 RN 106; Nerlich/Römermann-Hamacher § 113 InsO RN 189; BAG vom 25.10.1968, NJW 1969, 525

188 Nerlich/Römermann-Hamacher § 113 InsO RN 87 ff.

hung der ausnahmsweise zulässigen außerordentlichen Kündigung der Unkündbaren.

2. Verfassungsrechtliche Wertungen

Durch Art 2, 12 und 14 GG wird der Arbeitgeber in seiner Entscheidung, einen Beruf oder eine Unternehmenstätigkeit aufzugeben, geschützt.[189] Die daraus entstehenden finanziellen Konsequenzen können jedoch nicht vom Arbeitgeber auf den Arbeitnehmer übertragen werden. Ein derartiger grundrechtlicher Schutz ist zu verneinen. Neben den finanziellen Konsequenzen ist der Arbeitgeber jedoch auch zur Beschäftigung verpflichtet. Diese kann nicht allein durch finanzielle Maßnahmen erfüllt werden. Daher muss der Arbeitnehmer bei grundrechtlich geschützter Entscheidungsfreiheit der Berufs- oder Unternehmensaufgabe auch die in diesem Zusammenhang stehenden Arbeitsverhältnisse beendigen können.[190] Diese Beendigungsmöglichkeit besteht auch in Bezug auf die unkündbaren Arbeitsverhältnisse.

Das BAG[191] hat diesen grundrechtlichen Schutz des Arbeitgebers, auch auf seine Freiheit hin ausgedehnt, entscheiden zu können in welcher Größenordnung ein Unternehmen geführt werden soll. Zu den unverzichtbaren Beendigungsmöglichkeiten gehören Anpassungen des Arbeitnehmerbestandes an die Entwicklung des Unternehmens.

IV. Außerordentliche betriebsbedingte Gründe und die zweiwöchige Kündigungserklärungsfrist des § 626 Abs. 2 BGB

Bei der ausnahmsweise zulässigen außerordentlichen betriebsbedingten Kündigung stellt sich die Frage, bis zu welchem Zeitpunkt der Ausspruch der Kündigung erfolgt sein muss, um der Ausschlussfrist des § 626 Abs. 2 Satz 1 und 2 BGB gerecht zu werden.

Dem Wortlaut des § 626 Abs. 2 Satz 2 BGB folgend, wäre bei einer Betriebsstilllegung der Stilllegungsbeschluss der maßgebliche Zeitpunkt, in dem der kündigungsberechtigte Arbeitgeber von den für die Kündigung maßgeblichen Tatsachen Kenntnis erlangt. Wäre der Arbeitgeber jedoch zu diesem

[189] Stahlhacke-Preis, 8. Auflage 2002, RN 800
[190] BAG vom 05.02.1998, AP Nr. 143 zu § 626 BGB
[191] BAG vom 05.02.1998, AP Nr. 143 zu § 626 BGB

Zeitpunkt verpflichtet betriebsbedingt außerordentlich zu kündigen, so läuft der Arbeitnehmer Gefahr, dass das Arbeitsverhältnis, trotz Einhaltung der gesetzlichen oder tarifvertraglichen Kündigungsfrist, zu einem Zeitpunkt beendet ist, bevor die tatsächliche Betriebsstilllegung erfolgt.

Es zeigt sich, dass in diesen Fällen der § 626 Abs. 2 BGB nicht passt.[192]

Nach der zunächst vertretenen Auffassung in der Rechtsprechung[193] beginnt die Ausschlussfrist am ersten Tag an dem der Arbeitnehmer nicht mehr weiterbeschäftigt werden kann.

Wäre der Arbeitgeber, z. B. ab dem Stilllegungsbeschluss oder nach der älteren Rechtsprechung am ersten Tag nach dem der Arbeitnehmer nicht mehr beschäftigt werden kann, an die Zwei-Wochen-Frist des § 626 Abs. 2 BGB gebunden, so würde er bei fehlerhafter Betriebsratsanhörung Gefahr laufen, das Arbeitsverhältnis nie mehr beenden zu können, wegen Ablaufs der zweiwöchigen Kündigungserklärungsfrist des § 626 Abs. 2 BGB.[194]

Die Betriebsstilllegung und damit der Wegfall der Beschäftigungsmöglichkeit kann daher nur einen Dauertatbestand darstellen, mit der Folge, dass die Ausschlussfrist immer neu beginnt und die zweiwöchige Frist daher nie versäumt werden kann.[195] Ein Dauertatbestand liegt immer dann vor, wenn fortlaufend neue kündigungsrelevante Tatsachen eintreten, die eine Störung des Arbeitsverhältnisses beinhalten.[196]

Dieses Ergebnis ist auch mit dem Schutz des gekündigten Arbeitnehmers vereinbar, da der Arbeitnehmer nicht darauf vertrauen kann, dass er bei Wegfall seines Arbeitsplatzes auf Dauer weiterbeschäftigt wird, nur weil die Kündigung nicht dem Erfordernis des § 626 Abs. 2 BGB entsprach und damit unwirksam war.

Auch die neuere Rechtsprechung[197] sieht den Wegfall der Beschäftigungsmöglichkeit als Dauertatbestand an, sodass für die Anwendung des § 626

---

192 Bröhl, FS-Schaub, Seite 61

193 BAG vom 28.03.1985, AP Nr. 86 zu § 626 BGB (unter B II 2)

194 Schwerdtner, FS-Kissel, Seite 1088

195 MünchKomm-Schwerdtner §626 RN 216, 221; KR(7. Auflage)-Fischermeier § 626 BGB RN 329

196 BAG vom 22.01.1998, EzA § 626 BGB Ausschlussfrist Nr. 11; ErfKomm-Müller-Glöge § 626 BGB RN 267; KR(7. Auflage)-Fischermeier § 626 BGB RN 324

197 BAG vom 05.02.1998, EzA § 626 BGB Unkündbarkeit Nr. 2; BAG vom 17.09.1998, AP Nr. 148 zu § 626 BGB (unter II 3); APS-Dörner § 626 BGB RN 140

Abs. 2 BGB in solchen Fällen kein Raum bleibt. Jede weitere Gehaltszahlung führt zu einer weiteren Störung des Arbeitsverhältnisses.

Das Ergebnis der Rechtsprechung wird auch von der Literatur getragen, wobei Preis/Hamacher[198] bereits den Sinn und Zweck der Ausschlussfrist auf die verhaltensbedingte Kündigung, und nicht auf die betriebsbedingte außerordentliche Kündigung, zugeschnitten sehen. Bereits ihr Zweck lässt sich mit dem endgültigen Wegfall der Beschäftigungsmöglichkeit nicht vereinbaren.

§ 626 Abs. 2 BGB ist für ein punktuelles Ereignis[199] in der Sphäre des zu kündigenden Arbeitnehmers zugeschnitten. Es soll eine zeitnahe Rechtsklarheit darüber entstehen, ob der Arbeitgeber den Vorfall aus der Sphäre des Arbeitnehmers zu Kündigungszwecken nutzen will. Ein Aufsparen des Grundes soll ausgeschlossen werden. Bei der betriebsbedingten Kündigung handelt es sich hingegen nicht um ein punktuelles Ereignis, sondern um einen dauerhaft andauernden Sachverhalt aus der Sphäre des kündigenden Arbeitgebers. Die betriebsbedingte Kündigung ist daher von Zweck des § 626 II BGB nicht erfasst.[200] Diese erstreckt sich praktisch nur auf die verhaltensbedingte Kündigung.[201] Es ist daher bereits zweifelhaft, ob auf der Grundlage von Sinn und Zweck der zweiwöchigen Kündigungserklärungsfrist diese überhaupt Anwendung findet, bei der ausnahmsweise zulässigen außerordentlichen betriebsbedingten Kündigung.

B. Altersbedingte Leistungsminderung und Krankheit als Kündigungsgrund - die personenbedingte Kündigung bei Ausschluss des ordentlichen Kündigungsrechts

Eine besondere Problemstellung bilden auch die dauerhaft erkrankten Arbeitnehmer, bei denen aufgrund ihrer Erkrankung grundsätzlich keine verwertbare Arbeitsleistung mehr zu erwarten ist. Die Unkündbarkeit schließt jedoch die ordentliche Kündigungsmöglichkeit aus.

---

198 Preis/Hamacher, FS-Arbeitsgerichtsbarkeit Rheinland-Pfalz, Seite 267 f.
199 Schleusener, SAE 1998, 221
200 Bröhl, FS-Schaub, Seite 61; Schleusener, SAE 1998, 221
201 Buchner, Anmerkung zu BAG vom 28.03.1985, EzA § 626 BGB n. F. Nr. 96

I. Krankheit und die ordentliche Unkündbarkeit

Eine außerordentliche Kündigung kann durch eine krankheitsbedingte Arbeitsunfähigkeit des Arbeitnehmers grundsätzlich nicht gerechtfertigt werden.[202] Selbst schwere Erkrankungen, die eine lange Genesungsphase erwarten lassen, vermögen die fristlose Kündigung nicht zu rechtfertigen.[203] Auch die Beschränkung der Entgeltfortzahlungspflicht auf 6 Wochen, soweit tarifvertraglich keine anderen Regelungen getroffen sind, spricht gegen die Möglichkeit der sofortigen Beendigung des Arbeitsverhältnisses. Insoweit dürfte auch die fristlose Kündigung bei abschreckenden oder ansteckenden Krankheiten nur schwer zu rechtfertigen sein, grundsätzlich ist sie jedoch in Extremfällen nicht ganz ausgeschlossen.[204] Zu beachten ist allerdings in diesem Zusammenhang immer, dass bereits die ordentliche Kündigung aufgrund von Krankheit an erschwerte Voraussetzungen geknüpft ist und einer dreistufigen Prüfung unterliegt: negativer Prognose, erhebliche Beeinträchtigung der betrieblichen Interessen, sowie in der dritten Stufe die Interessenabwägung. Die Interessenabwägung fällt dann zu Lasten des Arbeitnehmers aus, wenn die erhebliche Beeinträchtigung betrieblicher Interessen dem Arbeitgeber billigerweise nicht mehr zumutbar ist.

In der Regel kommt eine außerordentliche Kündigung, entsprechend den von der Rechtsprechung aufgestellten Regeln der Betriebsstilllegung ausnahmsweise nur dann in Betracht, wenn die ordentliche Kündigung einzel- oder tarifvertraglich ausgeschlossen ist.[205]

Im Fall der dauernden Arbeitsunfähigkeit muss jedoch feststehen, dass der unkündbare Arbeitnehmer die geschuldete Arbeitsleistung in Zukunft überhaupt nicht mehr erbringen kann.[206] Die Rechtsprechung erkannte eine außerordentliche Kündigung wegen Krankheit an, in dem ein ordentlich unkündbarer Arbeitnehmer innerhalb von 3 Jahren nur 6 Wochen gearbeitet hatte oder eine dauerhafte Arbeitsleistung aufgrund von Krankheit nicht mehr zu erwarten war.[207]

Während die Rechtsprechung zunächst mit Urteil vom 04.02.1993[208] bei krankheitsbedingten Kündigungen auf die längste tarifliche oder gesetzliche Kündi-

---

202 Stahlhacke-Preis, 8. Auflage, RN 753; Staudinger(13. Auflage)-Preis §626 RN 217
203 MünchKomm-Schwerdtner §626 RN 107
204 Staudinger(13. Auflage)-Preis § 626 RN 217
205 Staudinger(13. Auflage)-Preis § 626 RN 218
206 BAG vom 04.02.1993, EzA § 626 BGB n. F. Nr. 144
207 ArbG Ludwigshafen vom 17.05.1967, ARSt 1967, 142; LAG Berlin vom 03.12.1968, ArbuR 1969, 314; LAG Schleswig-Holstein vom 21.08.1969, DB 1969, 2091
208 BAG vom 04.02.1993, EzA § 626 BGB n. F. Nr. 144

gungsfrist abstellen wollte, die gelten würde, sofern die ordentliche Kündigung nicht ausgeschlossen wäre, wird nunmehr von der Rechtsprechung auf eine kürzere Kündigungsfrist abgestellt. Mit Urteil vom 18.10.2000[209] stellte das Bundesarbeitsgericht auf die einschlägige Frist ab, d. h. auf die Beendigungsfrist die bei Zugrundelegung der Betriebszugehörigkeit anzuwenden wäre, wenn die ordentliche Kündigung nicht ausgeschlossen wäre. Nach der neuesten Rechtsprechung ist demnach nicht die längste, sondern die fiktive Kündigungsfrist als Auslauffrist zu wahren.[210]

Schwerdtner[211] plädiert bereits frühzeitig für die Einhaltung der Frist die gelten würde, wenn der ordentlich unkündbare Arbeitnehmer ordentlich kündbar wäre. Diese Frist ist insbesondere bei tariflicher Unkündbarkeit aufgrund von höherem Lebensalter aber nur kurzer Betriebszugehörigkeit, z. B. § 4.4 MTV der Metallindustrie Nordwürttemberg/Nordbaden - Vollendung des 53. Lebensjahres und 3 Jahre Betriebszugehörigkeit, nicht immer die längste tarifvertragliche oder gesetzliche Kündigungsfrist.

M.E. sollte hier mit der neueren Rechtsprechung und Schwerdtner lediglich die kürzere Frist, die auch bei ordentlicher Kündbarkeit einzuhalten wäre, maßgeblich sein. Die Länge der Kündigungsfristen ist grundsätzlich an Betriebszugehörigkeiten geknüpft und steht, im Gegensatz zu den Regeln der tarifvertraglichen Unkündbarkeit, nicht im Zusammenhang mit dem Lebensalter des Arbeitnehmers. Es ist auch nicht einzusehen, warum im Bereich der ausnahmsweise zulässigen betriebsbedingten außerordentlichen Kündigung lediglich die Frist eingehalten werden muss, die einzuhalten wäre, wenn keine ordentliche Unkündbarkeit besteht, im Bereich der krankheitsbedingten Kündigung jedoch eine längere, die längste gesetzliche oder tarifvertragliche Frist einzuhalten sei. In beiden Bereichen kommt es nur ausnahmsweise zu einer außerordentlichen Beendigung des Arbeitsverhältnisses, da der Arbeitgeber ansonsten verpflichtet wäre über einen unverhältnismäßig langen Zeitraum Gehaltsfortzahlungen zu leisten, ohne eine entsprechende Gegenleistung zu erhalten. Mit der Einhaltung einer Frist soll letztendlich nur erreicht werden, dass der unkündbare Arbeitnehmer nicht schlechter gestellt wird als der kündbare Arbeitnehmer. Eine Besserstellung erhält der unkündbare Arbeitnehmer bereits, da er im Gegensatz zum kündbaren Arbeitnehmer nur gekündigt werden kann, wenn dauerhaft keine verwertbaren Leistungen mehr erwartet werden können.

Eine außerordentliche, krankheitsbedingte Kündigung eines ordentlich unkündbaren Arbeitnehmers setzt voraus, dass der Arbeitgeber nicht in der Lage ist,

209 BAG vom 18.10.2000, NZA 2001, 219
210 BAG vom 13.04.2000, NZA 2001, 277; BAG vom 11.03.1999, AP Nr. 150 zu § 626 BGB
211 Schwerdtner, FS-Kissel, Seite 1088; MünchKomm-Schwerdtner § 626 RN 109

durch organisatorische Maßnahmen dem ordentlich unkündbaren Arbeitnehmer trotz Erkrankung die Weiterbeschäftigung zu ermöglichen.[212] Der Arbeitgeber ist verpflichtet den Arbeitnehmer gegebenenfalls auf einen anderen freien Arbeitsplatz zu versetzen, den Arbeitsablauf umzuändern oder den Arbeitsplatz umzugestalten. Es besteht jedoch keine Verpflichtung des Arbeitgebers zum Austausch von Arbeitnehmern oder gar zum Ringtausch, weil auch dadurch in Rechtspositionen anderer Arbeitnehmer eingegriffen würde.[213] Zu beachten ist dabei jedoch, dass der Arbeitgeber ggf. durch Ausübung seines Direktionsrechtes verpflichtet ist, den auf Dauer krankheitsbedingten Arbeitnehmer, der nicht mehr in der Lage ist, seine auf seinen bisherigen Arbeitsplatz geschuldete Arbeitsleitung zu erbringen, zur Vermeidung einer Kündigung auf einen leidensgerechten Arbeitsplatz im Betrieb oder Unternehmen weiterzubeschäftigen, sofern ein derartiger Arbeitsplatz frei ist.[214]Ggf. hat der Arbeitgeber einen solchen Arbeitsplatz durch Ausübung seines Direktionsrechtes frei zu machen und sich auch um die evt. erforderliche Zustimmung des Betriebsrates zu bemühen.[215]

Im Fall der außerordentlichen Kündigung des ordentlich unkündbaren Arbeitnehmers aufgrund langandauernden Krankheit, muss die Erkrankung einen derartigen Umfang annehmen, dass sie mit der dauernden Arbeitsunfähigkeit gleichzusetzen ist oder ein anderer Extremfall einer Erkrankung vorliegt, sodass eine sinnvolle Arbeitsleistung nicht erwartet werden kann.[216]

Die krankheitsbedingte Leistungsminderung stellt ebenfalls an sich keinen Grund zur fristlosen Kündigung dar. Aus dem ultima-ratio-Prinzip ergibt sich, das vor Ausspruch einer solchen Kündigung der Arbeitgeber verpflichtet ist, durch organisatorische Maßnahmen (Änderung des Arbeitsablaufs, die Krankheit berücksichtigende Gestaltung des Arbeitsplatzes, Umverteilung der Aufgaben) der Leistungsminderung des tariflich unkündbaren Arbeitnehmers zu begegnen.[217]

[212] MünchKomm-Schwerdtner § 626 BGB RN 109
[213] BAG vom 04.02.1993, EzA § 626 BGB n. F. Nr. 144 (unter B 2 d aa)
[214] BAG vom 29.01.1997, EzA § 1 KSchG Krankheit Nr.42 (Woeralit-Pulverlack W 808)
[215] BAG vom 29.01.1997, EzA § 1 KSchG Krankheit Nr.42 (Woeralit-Pulverlack W 808)
[216] BAG vom 09.09.1992, AP Nr. 3 zu § 626 BGB Krankheit
[217] BAG vom 12.07.1995, AP Nr. 7 zu § 626 BGB Krankheit

II. Die Ausschlussfrist des § 626 Abs. 2 BGB im Bereich der personen- (krankheitsbedingten) Kündigung

In der Literatur[218] wird z. T. die Auffassung vertreten, bei Krankheit des Arbeitnehmers beginne die Frist nicht erst mit der Beendigung der Krankheit, sondern bereits, sobald der kündigungsberechtigte Arbeitgeber von der dauerhaften und nicht nur zeitweisen Arbeitsunfähigkeit Kenntnis erlangt und seine Personalplanung dementsprechend einstellen muss.

Die Gegenauffassung[219] hingegen sieht in der Krankheit des Arbeitnehmers einen Dauertatbestand. Die Entstehung des wichtigen Grundes dauert die gesamte Krankheit an. Der Ausschlussfrist des § 626 Abs. 2 BGB ist Genüge getan, wenn die Arbeitsunfähigkeit in den letzten zwei Wochen vor Kündigungsausspruch anhält.

Die neueste Rechtsprechung[220] nimmt bei der dauernden Unfähigkeit, die vertraglich geschuldeten Dienste zu erbringen, einen Dauertatbestand an. Soweit in den letzten zwei Wochen vor Kündigungsausspruch die Arbeitsunfähigkeit anhält, ist die Ausschlussfrist des § 626 Abs. 2 BGB gewahrt.

Während der gesamten Arbeitsunfähigkeit erbringt der Arbeitnehmer keine Arbeitsleistungen. Es ist daher m. E. nur konsequent, die Arbeitsunfähigkeit als Dauertatbestand zu betrachten. Weder Sinn und Zweck der Ausschlussfrist, noch ein schutzwürdiges Interesse des Arbeitnehmers werden dadurch unterlaufen. Durch die andauernde Erkrankung des Arbeitnehmers werden fortlaufend keine vertragsgemäßen Leistungen erbracht. Dem Arbeitnehmer muss bewusst sein, dass mit jedem weiteren Tag des Arbeitsausfalls die Belastungen des Arbeitgebers steigen auf die Arbeitsleistungen des Arbeitnehmers zu verzichten und Überbrückungsmaßnahmen zu treffen. Letztendlich liegt es auch nur im Interesse des Arbeitnehmers, wenn der Arbeitgeber nicht bereits zu einem frühen Zeitpunkt der Erkrankung gehalten ist, die Kündigung auszusprechen, um nicht die Frist des § 626 Abs. 2 BGB zu versäumen.

---

[218] KR(7. Auflage)-Fischermeier § 626 BGB RN 326; Erman(10. Auflage)-Belling § 626 BGB RN 96

[219] MünchKomm-Schwerdtner § 626 BGB RN 221; Zöllner/Loritz Arbeitsrecht § 22 III 4 a, Seite 286

[220] BAG vom 21.03.1996, EzA § 626 BGB Ausschlussfrist Nr. 10

C. Die verhaltensbedingte - außerordentliche - Kündigung bei tarifvertraglich unkündbaren Arbeitnehmern

Im Zusammenhang von altersgesicherten und unkündbaren Arbeitnehmern ist bei der Prüfung des wichtigen Grundes nach Fischermeier[221] stets ein besonders strenger Maßstab anzulegen. Diesen strengen Maßstab legt Fischermeier sowohl bei den betriebs- als auch bei den verhaltensbedingten Gründen an.

Preis[222] hingegen macht darauf aufmerksam, dass der tarifvertragliche Kündigungsschutz gerade nicht vor eigenen, selbstverantworteten Verhalten schützen soll.

Inwieweit verhaltensbedingte Gründe denkbar sind, die bei ordentlicher Kündbarkeit zur ordentlichen Kündigung jedoch nicht zur außerordentlichen führen, bei ordentlicher Unkündbarkeit hingegen zur außerordentlichen Kündigung führen würden ist, soweit ersichtlich, nicht näher entschieden.

Beachtenswert ist jedoch das Urteil des BAG[223] vom 12.08.1999, indem das BAG die Voraussetzung einer verhaltensbedingten, außerordentlichen Kündigung ordentlich unkündbarer Arbeitnehmer näher präzisiert. Den Ausführungen des BAG folgend, wäre jedoch bei gleichem Sachverhalt auch ein ordentlich kündbarer Arbeitnehmer außerordentlich gekündigt worden.

> Der Kläger arbeitete bei der Beklagten als ICE-Steward des Bordtreffs in dem Restaurant "Bordtreff" und "Minibar" in den Zügen der Deutschen Bahn AG. Bei Zugang der Kündigung hatte der Kläger eine Betriebszugehörigkeit von über 17 Jahren und ein Lebensalter von 47 Jahren.
>
> 1996 obsiegte der Kläger im Rahmen eines anderen Kündigungsrechtstreits in der Berufsinstanz. Damals bezog sich seine Kündigungsschutzklage auf eine Verdachtskündigung wegen eines nicht einbonierten Frühstücks, welches der Kläger verkauft und den Erlös für sich behalten haben soll. Wegen eines weiteren Verstoßes gegen die Bonierungsvorschriften aus dem Jahre 1992 wurde der Kläger abgemahnt. Diese Abmahnung wurde jedoch aufgrund einer internen Vorschrift bereits aus der Personalakte entfernt.
>
> Hintergrund der nunmehr streitigen Kündigung war der Diebstahl von nur geringwertigen Sachen i. H. v. insgesamt 19,97 DM. Im Rahmen einer rou-

221 KR(7. Auflage)-Fischermeier § 626 BGB RN 301
222 Preis, Prinzipien des Kündigungsrechts bei Arbeitsverhältnissen, Seite 488
223 BAG v. 12.08.1999, EzA § 626 BGB Verdacht strafbarer Handlung Nr. 8

tinemäßigen Stichprobe wurden beim Kläger folgende Sachen gefunden: drei Kaffeebecher aus Porzellan (jeder im Wert von 3,28 DM), zwei Packungen Knochenschinken von je 100 g (im Wert von je 2,69 DM) und eine 1-Liter-Dose Pflanzenöl (im Wert von 4,75 DM). Kaffeebecher und Schinken gehören unstreitig zum Bestand der Beklagten, lediglich über die Herkunft des Speiseöls herrschte Streit zwischen den Parteien.

Das BAG hat trotz der Geringwertigkeit der entwendeten Sachen und der langen Betriebszugehörigkeit, aufgrund dessen der Kläger bereits den Status der Unkündbarkeit erreicht hatte, die Kündigung für rechtmäßig erachtet. Das BAG ist der Auffassung, dass die Beklagte berechtigt war, dem Kläger eine fristlose Kündigung - ohne Einhaltung der Kündigungsfrist - auszusprechen. Bei einer Betriebszugehörigkeit von 17 Jahren und einer Verdachtskündigung, bei der der Wert der Gegenstände lediglich 19,97 DM beträgt, ist dieses zwar erstaunlich, jedoch mit den Gründen des Bundesarbeitsgerichtes gut nachvollziehbar und m. E. ein in der Sache ein sachgerechtes Ergebnis.

Zur Begründung führte das BAG[224] an, der Diebstahl bzw. die Unterschlagung von nur geringwertigen Sachen stellen bereits an sich einen wichtigen Grund zur außerordentlichen Kündigung dar. Durch die Eigentumsverletzung des Arbeitnehmers bricht er, unabhängig vom Wert der Sachen, in erheblicher Weise das Vertrauen des Arbeitgebers. Auch im Rahmen der weiter vorzunehmenden Interessenabwägung war es der Beklagten nicht zumutbar das Arbeitsverhältnis bis zum Eintritt des Rentenalters des Klägers weiter fortzuführen. Die Beklagte konnte auch nicht auf eine Abmahnung verwiesen werden, weil der Kläger nicht davon ausgehen konnte die Beklagte würde sein Verhalten noch tolerieren.

Im Rahmen der abschließenden Interessenabwägung bezieht sich das BAG auf die von Schwerdtner[225] entwickelte zweistufige Prüfung und stellt bereits auf der ersten Stufe fest, einem kündbaren Arbeitnehmer hätte ebenfalls bei gleichem Sachverhalt eine außerordentliche Kündigung ausgesprochen werden können. In der Position als ICE-Steward komme der Kläger stets mit einer Unzahl von geringwertigen Sachen in Kontakt, die Beklagte habe daher ein besonderes Interesse an der Redlichkeit des Klägers.

---

224 BAG v. 12.08.1999, EzA § 626 BGB Verdacht strafbarer Handlung Nr. 8

225 Schwerdtner, FS-Kissel, Seite 1085

Fünftes Kapitel: Der Sonderkündigungsschutz und die Sozialauswahl des § 1 Abs. 3 KSchG

Inwieweit der Sonderkündigungsschutz aus Tarifvertrag, besonderen gesetzlichen Regelungen, befristetem Arbeitsverhältnis oder der einzelvertraglichen Vereinbarung die Einbeziehung des unkündbaren Arbeitnehmer in die Sozialauswahl des § 1 Abs. 3 KSchG ausschließt, ist streitig.

A. Die tariflich ordentlich unkündbaren Arbeitnehmer und die Sozialauswahl des § 1 Abs. 3 KSchG

Zunächst soll der Bereich der ordentlich unkündbaren Arbeitnehmer untersucht werden, deren Unkündbarkeit auf der Grundlage eines Tarifvertrages basiert.

I. Einführung in die Problematik

Der arbeitsrechtliche Kündigungsschutz gehört zu den zentralen Regelungsmaterien der verschiedenen Normsetzungsinstanzen und wird hierbei meist auf den Schutz des Arbeitnehmers vor einer Kündigung des Arbeitsverhältnisses durch den Arbeitgeber begrenzt. Dabei hat sowohl der Gesetzgeber mit der Schaffung des Kündigungsschutzgesetzes entsprechende Wertungen für die Beendigung eines Arbeitsverhältnisses geschaffen, aber auch die Tarifvertragsparteien haben sich der Materie angenommen. In § 1 Abs. 1 TVG wurde die legislative Anerkennung der tarifvertraglichen Beendigungsnormen aufgenommen.

In den Tarifverträgen bilden meist zwei zentrale Regelungsinhalte die tarifvertraglichen Kündigungsbeschränkungen. Zum einen werden abweichend von § 622 Abs. 1 und 2 BGB die gesetzlichen Kündigungsfristen tarifvertraglich verlängert, aber nicht selten auch verkürzt. Die gesetzliche Möglichkeit wurde dafür ausdrücklich in § 622 Abs. 4 BGB aufgenommen.

Darüber hinaus bildet der zweite und wohl auch zentrale Kernbereich der tarifvertraglichen Kündigungsbeschränkung die Schaffung eines über den gesetzlichen Bestandsschutz hinausgehenden Schutz zu Gunsten des Arbeitnehmers, in der Form des tarifvertraglich ordentlich unkündbaren Arbeitnehmers. Dabei finden sich in der tariflichen Praxis unterschiedliche Regelungsformen. Die wohl häufigste Form der tariflichen Unkündbarkeitsklauseln ist in der Kombination zwischen Lebensalter und Betriebszugehörigkeit zu finden und dem daraus resultierenden Ausschluss der ordentlichen Kündigung bis hin zum Rentenalter. Geschützt werden dadurch meist ältere Arbeitnehmer, in einzelnen Tarifverträgen sogar nach einer relativ kurzen Betriebszugehörigkeit. In diesem Zusammenhang wird auch der Begriff des altersgesicherten Arbeitnehmers verwandt. Aber auch vor allem in Firmentarifverträgen finden sich Regelungen, die für eine zeitlich befristete Dauer die ordentliche Kündigung sämtlicher Mitarbeiter ausschließen und im Gegenzug eine Verringerung der Vergütung vorsehen. Wobei das Bundesarbeitsgericht derartige Bündnisse für Arbeit als grundsätzlich unzulässig erklärt hat.[226]

Neben diesen zwei zentralen Kernbereichen finden sich in Tarifverträgen noch zwei weitere Formen von tarifvertraglichen Kündigungsbeschränkungen. Die praktische Relevanz des tarifvertraglichen Schriftformerfordernisses kommt durch die Regelung des § 623 BGB nur dort zum Tragen, wo entsprechend § 15 Abs. 3 BBiG oder § 9 Abs. 3 Satz 2 MuSchG sich das Schriftformerfordernis auch auf die Mitteilung der Kündigungsgründe erstreckt.

Die vierte Gruppe der tarifvertraglichen Kündigungsbeschränkungen genießt wieder eine größere praktische Relevanz. Abweichend von § 102 Abs. 1 BetrVG wird durch die Tarifvertragsparteien nicht lediglich die Anhörung des Betriebsrates, sondern die Zustimmung des Betriebsrates zur beabsichtigten Kündigung gefordert.[227] Die Mitwirkungsrechte des Betriebsrates können durch Tarifvertrag erweitert werden.[228] Die grundrechtliche Vereinbarkeit einer solchen Regelung mit Art. 12 und 14 GG wurde vom Bundesarbeitsgericht bejaht.[229]

Im Bereich der zweiten Gruppe, dem wohl zentralen Kernbereich des tarifvertraglichen Kündigungsausschlusses, wird die ordentliche Kündigung bei altersgesicherten Arbeitnehmern bis zum Rentenalter ausgeschlossen. Dieser Ausschluss soll sich dabei meist gerade auf die betriebsbedingte Kündigung beziehen und beinhaltet zweierlei Auswirkungen. So führt der tarifliche Ausschluss der ordentlichen Kündigung zunächst zu einer unmittelbaren Begünstigung der besonders geschützten Arbeitnehmer. In Abweichung von den Regeln des § 1 Abs. 2 KSchG zu Gunsten des Arbeitnehmers, sind diese unter dem Blickwinkel

---

226 BAG vom 20.04.1999, EzA Art 9 GG Nr. 65

227 BAG vom 21.06.2000, AP Nr. 121 zu § 102 BetrVG 1972 mit ablehnender Anm. Kraft; KR(7. Auflage)-Etzel § 102 BetrVG RN 244; a. A.: Richardi, BetrVG, § 102 RN 305

228 KR(7. Auflage)-Etzel § 102 BetrVG RN 244; Bösche, Die Rechte des Betriebsrates bei Kündigungen, RN 269, Seite 181; Fitting/Kaiser/Heither/Engels/Schmidt, BetrVG, § 102 RN 132; a. A.: Richardi, BetrVG, § 102 RN 305

229 BAG vom 21.06.2000, NZA 2001, 271 (273 f.)

des einseitig zwingenden Charakters[230] des § 1 Abs. 2 KSchG zweifellos als zulässig zu betrachten. Mit der unmittelbaren Begünstigung der besonders geschützten Arbeitnehmer geht jedoch zwangsläufig auch die mittelbare Verschlechterung der übrigen Arbeitnehmer im Hinblick auf § 1 Abs. 3 KSchG einher. Das Kündigungsrisiko der nicht dem besonderen Kündigungsschutz unterliegenden Arbeitnehmer erhöht sich, sofern die dem besonderen Schutz des Tarifvertrages unterstellten Arbeitnehmer nicht in den auswahlrelevanten Personenkreis gelangen. Die dadurch gestellte Problematik, ob dieser tarifliche Kündigungsausschluss den Regeln der Sozialauswahl des § 1 Abs. 3 KSchG vorgeht und ausschließlich die kündbaren Arbeitnehmer der Sozialauswahl unterliegen, bedarf einer besonderen Betrachtung. Aufgrund der mittelbaren Auswirkung des besonderen Kündigungsschutzes auf die übrigen Arbeitnehmer ergibt sich die Frage, inwieweit derartige Kündigungsbeschränkungen zu Gunsten bestimmter Arbeitnehmer mit dem zwingenden Charakter des § 1 Abs. 3 KSchG vereinbar sind. Die Suche nach den Grenzen der Tarifautonomie drängt sich dort auf, wo der gesetzliche und tarifvertragliche Kündigungsschutz parallele, aber dennoch konträre, divergierende Regelungen treffen. Dieses Spannungsverhältnis ist bei betriebsbedingten Kündigungen dort anzutreffen, wo die tarifvertraglichen Unkündbarkeitsklauseln auf die einfachgesetzlichen Vorgaben der Sozialauswahl des § 1 Abs. 3 Satz 1 KSchG treffen.

Verschiedene Fallvarianten, bei denen die Problematik zum Tragen kommt, sind in diesem Zusammenhang denkbar. Neben der Unterscheidung ob der Arbeitsplatz eines unkündbaren oder der Arbeitsplatz eines kündbaren Arbeitnehmers betriebsbedingt wegfällt, stellt sich möglicherweise das Ergebnis anders da, wenn mehrere Arbeitsplätze wegfallen, die in unterschiedlichen Kombinationen mit ausschließlich kündbaren, oder ausschließlich unkündbaren, oder sowohl mit kündbaren und unkündbaren Mitarbeitern besetzt sind. Es ist daher gedanklich zunächst wie folgt zu differenzieren:

Beim Wegfall eines Arbeitsplatzes eines unkündbaren Arbeitnehmers sind drei Lösungsmöglichkeiten mit wiederum unterschiedlichen Lösungsbeendigungen denkbar. Es findet, was freilich unwahrscheinlich ist, nur eine Sozialauswahl im Rahmen der unkündbaren Arbeitnehmer statt, mit dem Ergebnis, das Arbeitsverhältnis des sozialstärksten unkündbaren Arbeitnehmers wird gekündigt. Im Rahmen der zweiten Lösungsmöglichkeit findet eine Sozialauswahl ausschließlich zwischen den vergleichbaren kündbaren Arbeitnehmern statt, mit dem Ziel für den unkündbaren Arbeitnehmer einen Arbeitsplatz im Bereich der kündbaren Arbeitnehmer freizukündigen. In der dritten Alternative werden sowohl die unkündbaren und kündbaren Mitarbeiter in die Sozialauswahl einbezogen und der

[230] KR(7. Auflage)-Etzel § 1 KSchG RN 34; Kittner/Däubler/Zwanziger-Kittner, KSchR, § 1 KSchG RN 4 f.

sozialstärkste Mitarbeiter verliert seinen Arbeitsplatz. Oder - handelt es sich bei dem sozial stärksten Mitarbeiter um einen kündbaren Mitarbeiter erfolgt eine Kündigung, handelt es sich hingegen um einen unkündbaren Mitarbeiter erfolgt keine Kündigung.

Fällt hingegen der Arbeitsplatz eines kündbaren Mitarbeiters weg, sind lediglich zwei Lösungsmöglichkeiten der Sozialauswahl denkbar, wobei diese auch unterschiedliche Beendigungsmöglichkeiten enthalten können. Zum einen wäre denkbar, dass die Sozialauswahl ausschließlich zwischen den unkündbaren Arbeitnehmern erfolgt, oder dass eine Auswahl sowohl zwischen den kündbaren und unkündbaren Mitarbeitern erfolgt. Die letztgenannte Alternative bietet wiederum die Fallvariante, dass eine Kündigung nur dann erfolgt, wenn es sich bei dem sozial stärkeren Mitarbeiter um einen kündbaren Arbeitnehmer handelt.

Beim betriebsbedingten Wegfall einer Vielzahl von Arbeitsplätzen kann das aufgezeigte Muster entsprechend mit den verschiedenen Varianten weiter aufgeschlüsselt werden. Es bleibt jedoch letztendlich das Kernproblem, ob die unkündbaren Mitarbeiter in die Sozialauswahl einzubeziehen sind und - sofern dieses bejahend beantwortet wird, ob das Arbeitsverhältnis des unkündbaren Arbeitnehmers ordentlich oder außerordentlich zu beenden ist, sofern es sich bei ihm um den sozial Stärksten handelt, bzw. ob in diesem Fall eine Kündigung unterbleiben muss.

II. Meinungsstand in der Literatur

Inwieweit die tariflich unkündbaren Arbeitnehmer in die Sozialauswahl des § 1 Abs. 3 KSchG einzubeziehen sind, ist in der Literatur umstritten.

Nach der wohl h. M.[231] sind tariflich unkündbare Arbeitnehmer aus der Sozialauswahl herauszunehmen, mit der Folge, dass die soziale Auswahl auf die kündbaren Arbeitnehmer zu beschränken ist.

---

[231] Schwerdtner, FS-Kissel, Seite 1093; MünchKomm-Schwerdtner § 622 Anh. RN 394; ErfKomm-Ascheid § 1 KSchG RN 471; Ascheid, Kündigungsschutzrecht, RN 348; Conze, ZTR 1987, 99, 106; HK-KSchG-Dorndorf § 1 KSchG RN 1055; KR(7. Auflage)-Etzel § 1 KSchG RN 639; HaKo-Fiebig § 1 RN 8 f., Färber, NZA 1985, 179; Gift, RdA 1969, 72 (77); Herschel, ArbuR 1977, 143; Jobs, DB 1986, 538 (539); APS-Kiel, § 1 KSchG RN 693 ff.; Kittner/Däubler/Zwanziger-Kittner, KSchR, § 1 KSchG RN 443, 445; Lammermann, Seite 112 f.; Lück, Probleme der Sozialauswahl nach § 1 Abs.3 KSchG, Seite 56 ff.; KPK-Meisel, Teil H, § 1 RN 519; Pauly, ArbuR 1997, 98; Pollmann, Seite 20 ff.; Preis, HAS § 19 F, RN 180; Stahlhacke-Preis, 8. Auflage 2002, RN 1074; B. Preis, DB 1998, 1762 f.; Schaub, NZA 1987, 223; Weller, RdA 1986, 222 (230); Wendeling-Schröder, FS-Kehrmann, Seite 323 f.; Wendeling-Schröder, WissR 1994, 167 ff.

Dabei vertritt Schwerdtner[232] die Auffassung, dass der tarifvertragliche Kündigungsausschluss die altersgesicherten Arbeitnehmer zu den sozial besonders schutzbedürftigen Personen zu rechnen sind, sodass sie aus dem auswahlrelevanten Personenkreis herausfallen. Die Sozialauswahl knüpft an die ordentliche Kündigung an, diese ist jedoch gerade bei altersgesicherten Arbeitnehmern ausgeschlossen.

Etzel[233] führt in diesem Zusammenhang aus, der Arbeitnehmer sei durch eine, zu seinen Gunsten und deshalb zulässige Tarifnorm vor jeder ordentlichen und damit auch betriebsbedingten Kündigung geschützt. In die Sozialauswahl sind daher nur ordentlich kündbare Arbeitnehmer einzubeziehen. Lediglich dort, so differenzieren Etzel[234] wie auch Dorndorf[235] weiter, wo ausnahmsweise eine außerordentliche betriebsbedingte Kündigung möglich ist, steht die außerordentliche Kündigung der ordentlichen Kündigung gleich. Dort, wo z. B. aufgrund einer innerorganisatorischen Entscheidung lediglich ein Arbeitsplatz, eines unkündbaren Arbeitnehmers (Fall der Sekretärin des Geschäftsführers)[236] wegfällt, wäre es ein Wertungswiderspruch den kündigungsrechtlich besser gestellten Arbeitnehmer bei der Sozialauswahl schlechter zu stellen.

Nach Ascheid[237] sind die tarifvertraglich unkündbaren Arbeitnehmer ebenfalls nicht in die Sozialauswahl einzubeziehen. Eine Ausnahme sieht er nur dort, wo Rationalisierungsschutztarifverträge Regelungen enthalten, die den vorrangigen Wertungen des § 1 Abs. 3 KSchG widersprechen.

Preis[238] und Dorndorf[239] stellen ergänzend fest, dass die Herausnahme der ordentlich unkündbaren Arbeitnehmer aus dem auswahlrelevanten Personenkreis, ein bloßer - rechtlich unbeachtlicher - Reflex der grundsätzlich zulässigen Kündigungsbeschränkung ist.

Die Gegenauffassung[240] plädiert für die Einbeziehung der ordentlich unkündbaren Arbeitnehmer in die Sozialauswahl. Der gesetzliche Kündigungsschutz kön-

---

232 MünchKomm-Schwerdtner § 622 Anh. RN 394
233 KR(7. Auflage)-Etzel § 1 KSchG RN 665
234 KR(7. Auflage)-Etzel § 1 KSchG RN 606
235 HK-KSch-Dorndorf § 1 RN 1019
236 BAG vom 05.02.1998, EzA § 626 BGB Unkündbarkeit Nr. 2
237 ErfKomm-Ascheid § 1 KSchG RN 471
238 Stahlhacke-Preis, 8. Auflage 2002, RN 1074
239 HK-KSchG-Dorndorf § 1 KSchG RN 1055
240 v. Hoyningen-Huene/Linck KSchG § 1 RN 456; Berkowsky, Die betriebsbedingte Kündigung, § 6 RN 112, Seite 167 f.; MünchArbR-Berkowsky § 139 RN 99; Löwisch/Spinner, Kündigungsschutzgesetz, § 1 KSchG RN 360; Bauer, DB 1994, 277; Oetker, ZfA 2001, 329; Adam, NZA 1999,849 f.

ne durch Tarifvertrag nicht beschränkt werden, eine entsprechende Öffnungsklausel fehle im Kündigungsschutzgesetz. Der tarifvertragliche Ausschluss der ordentlichen Kündigung sei, wegen Verstoßes gegen § 1 Abs. 3 KSchG, unwirksam.

In diesem Zusammenhang weist v. Hoyningen-Huene[241] darauf hin, dass im Einzelfall der gesetzliche Kündigungsschutz des § 1 KSchG zu Lasten der besonders schutzwürdigen Arbeitnehmer eingeschränkt werde. Zur Darlegung, dass die Herausnahme der tariflich unkündbaren Arbeitnehmer aus der Sozialwahl zu einem Ergebnis führt das dem Sinn des § 1 KSchG entgegensteht, führt er folgendes Beispiel an: Nach Vollendung des 53. Lebensjahres und 3 Jahren Betriebszugehörigkeit ist nach § 4.4 des MTV der Metallindustrie Nordwürttemberg/Nordbaden ein Arbeitnehmer tarifvertraglich ordentlich unkündbar. Der h. M. folgend, wäre demnach der Arbeitnehmer mit 30 Jahren Betriebszugehörigkeit, 4 unterhaltsberechtigten Kindern und 52 Lebensjahren betriebsbedingt vor dem 53jährigen ledigen Arbeitnehmer mit 3 Jahren Betriebszugehörigkeit zu kündigen.

Im Bereich der ausnahmsweise zulässigen außerordentlichen Kündigung der tarifvertraglich ordentlich unkündbaren Arbeitnehmer weist neben anderen Vertretern in der Literatur[242] und in der Rechtsprechung,[243] insbesondere v. Hoyningen-Huene[244] darauf hin, dass der Arbeitgeber speziell in diesem Fall zur Sozialauswahl gem. § 1 Abs. 3 Satz 1 KSchG verpflichtet ist. Die ausnahmsweise zulässige außerordentliche Kündigung soll in diesen Fällen lediglich die tarifvertraglich ausgeschlossene ordentliche Kündigung ersetzen. Würden zu Gunsten der besonders geschützten Arbeitnehmer nicht die Kündigungsschranken Beachtung finden, die auch im Fall der ersetzten ordentlichen Kündigung schützen, so würde dieses, nach den Ausführungen von v. Hoyningen-Huene, einen Wertungswiderspruch darstellen.

Des Weiteren wird gegen die h. M. zu bedenken gegeben, dass § 1 Abs. 3 KSchG zwingendes Recht beinhalte und dass davon abweichende einzel- oder tarifvertragliche Regelungen einen unzulässigen Vertrag zu Lasten Dritter darstellen.[245] Dabei ist der Hinweis auf einen unzulässigen Vertrag zu Lasten Dritter nur untechnisch zu sehen, da ein Vertrag zu Lasten Dritter nur dann vorliegt,

---

241 v. Hoyningen-Huene/Linck KSchG § 1 RN 456

242 HK-KSchG-Dorndorf § 1 KSchG RN 1019; Groeger, NZA 1999, 850 ff.

243 BAG vom 05.02.1998, AP Nr. 143 zu § 626 BGB; BAG vom 17.09.1998, AP Nr. 148 zu § 626 BGB (unter II 5)

244 v. Hoyningen-Huene/Linck KSchG § 1 RN 455a

245 v. Hoyningen-Huene/Linck KSchG § 1 RN 459

wenn durch ihn unmittelbar eine Rechtspflicht eines am Vertrag nicht beteiligten Dritten entstehen soll.[246]

Während die Gegenauffassung für die Einbeziehung der tarifvertraglich unkündbaren Arbeitnehmer in den auswahlrelevanten Personenkreis des § 1 Abs. 3 KSchG plädiert, bestehen jedoch unter diesen Vertretern unterschiedliche Ansichten über die sich daraus ergebenen Rechtsfolgen.

Nach der überwiegenden Auffassung[247] innerhalb der Gegenmeinung, kann der Arbeitgeber das Arbeitsverhältnis mit dem aufgrund der Kündigungsschutzklausel besonders geschützten Arbeitnehmer beenden, wenn dieser unter Beachtung der Kriterien des § 1 Abs. 3 KSchG als weniger schutzwürdig einzustufen ist, im Verhältnis zu den Arbeitnehmern ohne besonderen Kündigungsschutz. Ob der Arbeitgeber hierbei zum Zweck der Beendigung des unkündbaren Arbeitsverhältnisses eine ordentliche[248] oder eine außerordentliche[249] Kündigung aussprechen muss, wird in diesem Zusammenhang jedoch unterschiedlich beurteilt.

Nach anderer Auffassung[250] sind zwar die vor einer ordentlichen Kündigung besonders geschützten Arbeitnehmer in die Sozialauswahl des § 1 Abs. 3 KSchG einzubeziehen, eine Kündigung ihnen gegenüber soll jedoch unzulässig sein. Dieser Ansicht folgend, soll eine Kündigung gegenüber den ordentlich kündbaren Arbeitnehmern nur zulässig sein, wenn diese gegenüber den unkündbaren Arbeitnehmern als sozial weniger schutzwürdig einzustufen seien. Sind die or-

---

246 MünchKomm-Gottwald § 328 RN 171

247 Bauer, DB 1994, 277; Bauer, Brennpunkte des Arbeitsrechts 1995, 223 (230 f.); Bauer/Röder, Kündigungsfibel, Seite 68 f.; Bauer/Röder, Taschenbuch zur Kündigung, Seite 120 f.; MünchArbR-Berkowsky § 139 RN 99, 104; Berkowsky, Die betriebsbedingte Kündigung, § 6 RN 114, Seite 168; Ehler, BB 1994, 2069; Eich, DB 1976, 1678; Frischmann, ZTR 1996, 344 (346 ff.); v. Hoyningen-Huene/Linck KSchG § 1 RN 456 ff.; Kramer, Kündigungsvereinbarungen im Arbeitsvertrag, Seite 31; Kraushaar, AiB 1994, 174; Linck, Die soziale Auswahl bei betriebsbedingter Kündigung, Seiten 38 ff., 45; Linck, AR-Blattei, SD 1020.1.2 RN 34 ff.; Löwisch/Spinner, Kündigungsschutzgesetz, § 1 KSchG RN 360; Löwisch, DB 1998, 881; Oetker, FS-Wiese, Seite 241 f.; Säcker/Oetker, Grundlagen und Grenzen der Tarifautonomie, Seite 187 f.; Wenning-Morgenthaler, BlStSozArbR 1985, 193 f.

248 Berkowsky, Die betriebsbedingte Kündigung, § 6 RN 117, Seite 169; MünchArbR-Berkowsky § 139 RN 104; Frischmann, ZTR 1996, 344 (347 f.); Kramer, Kündigungsvereinbarungen im Arbeitsvertrag, Seite 31; Wenning-Morgenthaler, BlStSozArbR 1985, 193 (194)

249 Bauer, DB 1994, 277; Bauer, Brennpunkte des Arbeitsrechts 1995, Seite 231; v. Hoyningen-Huene/Linck KSchG § 1 RN 458 f.; Linck, Die soziale Auswahl bei betriebsbedingter Kündigung, Seiten 44 f.; Linck, AR-Blattei, SD 1020.1.2 RN 38; Säcker/Oetker, Grundlagen und Grenzen der Tarifautonomie, Seite 188

250 Frohner, BlStSozArbR 1977, 353 (354)

dentlich kündbaren Arbeitnehmer hingegen gegenüber den unkündbaren Arbeitnehmern als sozial schützwürdiger einzustufen, so kann nach dieser Auffassung keine Kündigung erfolgen.

Diese Auffassung wird jedoch zutreffend mit dem Hinweis auf die Berufsfreiheit des Arbeitgebers aus Art. 12 GG und den Zielen des Kündigungsschutzgesetzes, die Unternehmensfreiheit zu wahren, abgelehnt.[251] Auch in der grundsätzlichen Anerkennung der betriebsbedingten Kündigung in § 1 KSchG spiegelt sich dieses wieder.

III. Rechtsprechung

Eine Entscheidung des Bundesarbeitsgerichts, in dem es sich mit dem Problem der Sozialauswahl bei altersgesicherten/unkündbaren Arbeitnehmern in grundsätzlicher Weise auseinandersetzt, liegt bislang noch nicht vor.

Lediglich am Rande hat das Bundesarbeitsgericht zu dieser Problematik Stellung genommen.[252] Dabei wird die von der h. M. in der Literatur[253] vertretene Auffassung, die unkündbaren Arbeitnehmer seien nicht in die Sozialauswahl aufzunehmen, nicht in Frage gestellt. Das Gericht[254] sieht es jedoch als zutreffend an, dass die ordentlich unkündbaren Arbeitnehmer jedenfalls dann in die

---

251 Berkowsky, Die betriebsbedingte Kündigung, § 6 RN 114, Seite 168; Linck, Die soziale Auswahl bei betriebsbedingter Kündigung, Seite 43; Löwisch/Spinner, Kündigungsschutzgesetz, § 1 KSchG RN 360; Säcker/Oetker, Grundlagen und Grenzen der Tarifautonomie, Seite 187

252 BAG vom 17.05.1984, AP Nr. 3 zu § 55 BAT (unter III 2 a bb);
BAG vom 29.08.1996, AP Nr. 62 zu Einigungsvertrag § Anlage I Kap. XIX (unter B II 4) (die Entscheidung betraf eine Kündigung wegen mangelnden Bedarfs nach Anlage I Kapitel XIX Sachgebiet A Abschnitt II Nr. 1 Abs. 4 Ziff. 2 des Einigungsvertrages, in dessen Rahmen § 1 Abs. 3 KSchG keine Anwendung findet, der Arbeitgeber bei der Auswahl des zu kündigenden Arbeitnehmers jedoch an die Maßstäbe der §§ 242, 315 Abs. 1 BGB gebunden ist)
BAG vom 05.02.1998, AP Nr. 143 zu § 626 BGB (unter II 3 e); BAG vom 17.09.1998, AP Nr. 148 zu § 626 BGB (unter II 5)

253 MünchKomm-Schwerdtner § 622 Anh. RN 394; KR(7. Auflage)-Etzel § 1 KSchG RN 665; ErfKomm-Ascheid § 1 KSchG RN 471; Färber, NZA 1985, 179; HK-KSchG-Dorndorf § 1 KSchG RN 1055; Kittner/Däubler/Zwanziger-Kittner, KSchR § 1 KSchG RN 443, 445; Stahlhacke-Preis, 8. Auflage 2002, RN 1074; Gift, RdA 1969, 72 (77); Weller, RdA 1986, 222 (230); Jobs, DB 1986, 538 (539); Wendeling-Schröder, FS-Kehrmann, Seite 323 f.; Wendeling-Schröder, WissR 1994, 167 ff.

254 BAG vom 05.02.1998, AP Nr. 143 zu § 626 BGB; BAG vom 17.09.1998, AP Nr. 148 zu § 626 BGB

Sozialauswahl einzubeziehen seien, wenn die Voraussetzungen für eine außerordentliche Kündigung ausnahmsweise vorliegen. Der Arbeitgeber sei jedoch in diesen Fällen verpflichtet, primär gegenüber den kündbaren Arbeitnehmern eine Kündigung auszusprechen, wenn die ordentlich unkündbaren Arbeitnehmer nicht anderweitig beschäftigt werden können.

Aus der instanzgerichtlichen Rechtsprechung sind unterschiedliche Entscheidungen anzuführen. Während das LAG Brandenburg[255] und das ArbG Kassel[256] die soziale Auswahl bei betriebsbedingten Kündigungen auf die kündbaren Arbeitnehmer beschränken, sind nach der Auffassung des Arbeitsgerichts Cottbus[257] die tariflich unkündbaren Arbeitnehmer in die Sozialauswahl einzubeziehen. Nach Auffassung des LAG Brandenburg verfolgen die Regeln der ordentlichen Unkündbarkeit primär nur den Zweck, bestimmte Arbeitnehmer vor einer ordentlichen Kündigung zu schützen. Daher sind sie trotz ihres vom Gesetz abweichenden Inhalts zulässig. Das Arbeitsgericht Cottbus hingegen hält die Regeln der ordentlichen Unkündbarkeit gerade deswegen für unzulässig, weil sie von zwingenden gesetzlichen Regeln abweichen. Der gesetzliche Kündigungsschutz des § 3 Abs. 1 KSchG stehe nicht zur Disposition der Tarifvertragsparteien.

IV. Stellungnahme

Das Beispiel des Arbeitnehmers aus dem Bereich des MTV der Metallindustrie Nordwürttemberg/Nordbaden macht deutlich, das der dem Gesetz grundsätzlich nicht vorgehende Tarifvertrag den sozial wesentlich stärkeren Arbeitnehmer derart schützen würde, dass die Norm des § 1 Abs. 3 KSchG in diesen Fällen ihren Sinn verliert. Gesetzliche Regelungen gehen tarifvertraglichen Regelungen grundsätzlich vor. Soweit der Gesetzgeber eine andere Regelung für sinnvoll hält, hat er dieses, z. B. in § 622 Abs. 4 BGB und § 13 Abs. 1 BUrlG, normiert. In Ermangelung einer Öffnungsklausel sind die Tarifvertragsparteien nicht berechtigt, zwingende gesetzliche Regelungen nach ihren Vorstellungen außer Kraft zu setzen.

Sowohl der gesetzliche - § 1 Abs. 3 KSchG - als auch der tarifvertragliche Kündigungsschutz regeln einen erhöhten kündigungsschutzrechtlichen Bestandsschutz bestimmter Arbeitnehmergruppen. Beide haben also dasselbe Regelungs-

[255] LAG Brandenburg v. 29.10.1998, LAGE § 1 KSchG Soziale Auswahl Nr. 29

[256] ArbG Kassel vom 05.08.1976, DB 1976, 1675

[257] ArbG Cottbus vom 17.05.2000, EzA § 1 KSchG Soziale Auswahl Nr. 44 = AP Nr. 48 zu § 1 KSchG 1969 Soziale Auswahl

ziel, wobei der gesetzliche Kündigungsschutz nicht durch den tarifvertraglichen Kündigungsschutz abgesenkt werden kann, insbesondere nicht im Bereich der sozial schwächeren aber dennoch nicht oder gerade noch nicht kündbaren Arbeitnehmer.

Wenn das BAG sagt, dass ein Ringtausch und somit ein Freikündigen beim ordentlich unkündbaren Arbeitnehmer im Rahmen der krankheitsbedingten Kündigung nicht möglich ist,[258] da in Rechtspositionen der anderen Arbeitnehmer eingegriffen wird, dann ist dieser Rechtsgedanke insoweit richtig und konsequent weiterzuführen. § 1 Abs. 3 KSchG gibt dem sozial schwächeren Arbeitnehmer ebenfalls eine Rechtsposition, in die es den Tarifparteien nicht zusteht einzugreifen. Der Ausschluss der ordentlich unkündbaren Arbeitnehmer aus der Sozialauswahl stellt ebenso einen Eingriff in die Rechtsposition der anderen Arbeitnehmer dar, wie bei einem Ringtausch oder einem Freikündigen im Rahmen der krankheitsbedingten Kündigung ordentlich unkündbarer Arbeitnehmer. Die Vertreter der Auffassung, dass die tarifvertraglich unkündbaren Arbeitnehmer nicht in den auswahlrelevanten Personenkreis fallen und als Konsequenz die kündbaren Arbeitnehmer stets zunächst zu kündigen seien, verkennen und unterschlagen die vom Gesetzgeber eingeräumten Rechte, der nicht oder noch nicht tarifvertraglich geschützten Personen.

Bütefisch[259] und Dorndorf[260] führen aus, die Herausnahme der tarifvertraglich unkündbaren Arbeitnehmer aus der Sozialauswahl des §°1°Abs°3°KSchG würde lediglich den vom Arbeitgeber für die Sozialauswahl zu berücksichtigenden auswahlrelevanten Personenkreises betreffen und damit der eigentlichen Auswahlentscheidung vorverlagert sein. Weder die sozialen Gesichtspunkte bei der Auswahlentscheidung, noch das Verhältnis dieser zueinander, würde durch die tarifvertraglichen Unkündbarkeitsklauseln geregelt werden. Dieser Sichtweise ist jedoch nicht zuzustimmen. Eine Abtrennung des auswahlrelevanten Arbeitnehmerkreises von der Auswahlentscheidung ist mit dem Normzweck des §°1°Abs°3°KSchG nicht vereinbar. Eine Verkettung beider Aspekte ist §°1°Abs°3 Satz°1°und°2°KSchG zu entnehmen. Die traditionellen Unkündbarkeitsklauseln knüpfen gerade an Lebensalter und Betriebszugehörigkeit an und bilden als Parameter die Essentialia einer Sozialauswahl. Dieses wird in den § 1 Abs. 3 KSchG und § 125 Abs. 1 Satz 1°Nr. 2 InsO entsprechend verdeutlicht. Im Normzweck des § 1 Abs. 3 KSchG ist kein qualitativer Unterschied dahingehend zu sehen, ob der für die Sozialauswahl relevante Arbeitnehmerkreis abweichend vom Gesetz festgelegt wird oder durch tarifvertraglichen Ausschluss der

---

258 BAG vom 29.01.1997, AP Nr. 32 zu § 1 KSchG 1969 Krankheit; BAG vom 04.02.1993, EzA § 626 BGB n. F. Nr. 144 (unter II 2 d aa)

259 Bütefisch, Die Sozialauswahl, Seite 141 f.

260 HK-KSchG-Dorndorf § 1 KSchG RN 1055

ordentlichen Kündigung eine Einbeziehung der unkündbaren Arbeitnehmer in den auswahlrelevanten Arbeitnehmerkreis nicht erfolgt. In beiden Fällen erfolgt eine Herausnahme von Arbeitnehmergruppe entgegen klaren gesetzlichen Regelungen, ohne dass das Gesetz eine entsprechende Öffnung vorsieht.

Bei der Sozialauswahl innerhalb der betriebsbedingten Kündigung lässt sich die tarifvertragliche Unkündbarkeit nicht mit den Zielen des Kündigungsschutzgesetzes vereinbaren, in einen angemessenen Umfang die Unternehmerfreiheit zu wahren. Nach erfolgter Sozialauswahl zwischen kündbaren und tarifvertraglich unkündbaren Arbeitnehmer ist daher dem sozial Stärkeren zu kündigen - auch wenn er im Grundsatz tarifvertraglich unkündbar ist.

B. Arbeitnehmer mit besonderem gesetzlichem Kündigungsschutz und die Sozialauswahl des § 1 Abs. 3 KSchG

Der Ausschluss der ordentlichen Kündigung bildet in erster Linie nur einen besonderen Schutz vor Kündigungen durch den Arbeitgeber für den Mitarbeiter, der diesen Schutz besitzt. Dabei ist es für den Mitarbeiter zunächst einmal gleichgültig, ob sich dieser Schutz aus einer gesetzlichen Grundlage ergibt oder aufgrund einer mit dem Arbeitgeber vereinbarten Regelung. Dieser besondere Schutz hat jedoch auf den zweiten Blick Auswirkungen auf die übrigen Mitarbeiter, wenn es um die Frage geht, ob der unkündbare Mitarbeiter in die Sozialauswahl einzubeziehen ist. Im Verhältnis zu den übrigen Mitarbeitern könnte sich die Legitimation für den besonderen Schutz bestimmter Arbeitnehmer auswirken. Soweit der besondere Kündigungsschutz auf einer vereinbarten Regelung zwischen Arbeitgeber und besonders geschützten Arbeitnehmern beruht, liegen die Probleme in Bezug auf ein Durchgreifen dieses Schutzes auf die übrigen Mitarbeitern bei der Einbeziehung in die Sozialauswahl auf der Hand.

Ist der besondere Kündigungsschutz aufgrund einer gesetzlichen Regelung eingetreten, so wurde die Unkündbarkeit quasi dem Arbeitgeber und dem besonders geschützten Arbeitnehmer gesetzlich aufgezwungen und damit seiner freien Entscheidung entzogen. Insbesondere der Arbeitgeber muss die daraus resultieren Konsequenzen tragen, auch wenn sie möglicherweise nicht in seinem Interesse liegen. Daher erscheint es nahe liegend, dass dieser Schutz auch im Verhältnis zu den übrigen Arbeitnehmern gelten soll, auch wenn diese letztendlich dadurch kündigungsschutzrechtlich eine schlechtere Position erhalten, weil sie im Rahmen der Sozialauswahl möglicherweise bei fehlender Einbeziehung der besonders geschützten Arbeitnehmer eher das scharfe Schwert der Kündigung trifft.

Aus diesem Blickwinkel heraus ergibt sich möglicherweise eine andere Beurteilung der Einbeziehung in die Sozialauswahl der unkündbaren Arbeitnehmer aufgrund einer Vereinbarung des besonderen Kündigungsschutzes oder aufgrund einer gesetzlichen Wertung.

I. Die gesetzlichen absoluten Kündigungsverbote

Absolute Kündigungsverbote sind dort zu finden, wo der Gesetzgeber die Möglichkeit der ordentlichen Kündigung durch den Arbeitgeber ganz ausschließt. Sie liegen meist zeitlich befristet vor, z. B. für die Dauer einer Amtsperiode. So sind insbesondere während ihrer Amtszeit sowie ein Jahr im Anschluss an diese, Mitglieder eines Betriebs- oder Personalrates, einer Jugend- oder Ausbildungsvertretung sowie Vertrauenspersonen der schwerbehinderten Menschen gesetzlich besonders vor einer ordentlichen Kündigung geschützt - § 15 Abs. 1 und 2 KSchG, § 29a Abs. 1 HAG sowie § 96 Abs. 3 SGB IX. Ebenso genießen Mitglieder der Wahlvorstände für die Dauer der Wahl sowie sechs Monate im Anschluss an die Bekanntgabe des Wahlergebnisses einen besonderen Kündigungsschutz gem. § 15 Abs. 3 KSchG, § 29a Abs. 2 HAG sowie gem. § 96 Abs. 3 SGB IX. Bei den aufgezeigten absoluten gesetzlichen Kündigungsverboten dient der gesetzliche Ausschluss der ordentlichen Kündigung dazu, jede Störung der Betriebsratstätigkeit zu verhindern, den jeweiligen Funktionsträgern sowohl bei ihrer Wahl als auch während ihrer Amtsführung die notwendige persönliche Unabhängigkeit zu gewähren, die Funktionsfähigkeit des Gremiums zu wahren und die Kontinuität ihrer Amtsführung zu sichern.[261] Diese Begründung legitimiert den Gesetzgeber zum Erlass der genannten absoluten Kündigungsverbote. Zur Enthaltung der Funktion und Kontinuität der Amtsführung sind daher auch deren Funktionsträger nicht in die Sozialauswahl des § 1 Abs. 3 Satz 1 KSchG einzubeziehen. Die absoluten Kündigungsverbote bilden eine spezial gesetzliche Regelung gegenüber den allgemeinen Kündigungsschutzbestimmungen des § 1 Abs. 3 KSchG. Die Möglichkeit einer ordentlichen betriebsbedingten Kündi-

---

[261] vgl. Begründung zum Regierungsentwurf der Bundesregierung zu einem Kündigungsschutzgesetz vom 23.01.1951, abgedruckt in RdA 1951, 58 (65); vgl. Begründung zum Regierungsentwurf, BT-Drucks. VI/1786 Seite 53; BAG vom 17.02.1983, AP Nr. 14 zu § 15 KSchG 1969 (unter B IV 2); BAG vom 22.08.1974, AP Nr. 1 zu § 103 BetrVG 1972; v. Hoyningen-Huene/Linck KSchG § 15 KSchG RN 1; GK-SchwbG/Schimanski, § 26 RN 47; Berkowsky, Die betriebsbedingte Kündigung, § 13 RN 2, Seite 364

gung wird bereits von vornherein von Gesetzes wegen gegenüber dem geschützten Personenkreis ausgeschlossen.[262]

Unter den gesetzlichen absoluten Ausschluss der ordentlichen arbeitgeberseitigen Kündigung fallen ebenso Auszubildende (§ 15 Abs. 2 BBiG), Wehrdienstleistende (§ 2 Abs. 1 ArbPlSchG), Zivildienstleistende (§§ 78 Abs. 1 Nr. 1, 15a ZivildienstG) und Arbeitnehmer während einer Eignungsübung (§ 2 Abs. 1 EignungsübungsG). Ebenso wie die Kündigungsverbote der Mandatsträger schließen auch diese absoluten gesetzlichen Kündigungsverbote den Ausspruch einer ordentlichen Kündigung durch den Arbeitgeber aus. Unabhängig von ihrer Tätigkeit sind die betroffenen Arbeitgeber daher auch hier nicht in die Sozialauswahl des § 1 Abs. 3 Satz 1 KSchG einzubeziehen.[263] Zu beachten ist in diesem Zusammenhang jedoch, dass der besondere gesetzliche Kündigungsschutz nicht lediglich im Zeitpunkt des Zugangs der Kündigung vorliegen muss, sondern auch noch im Zeitpunkt der Beendigung des Arbeitsverhältnisses bestehen muss.[264]

II. Gesetzlicher Kündigungsschutz aufgrund behördlicher Zustimmungserfordernisse

Entgegen dem absoluten gesetzlichen Kündigungsschutz ist eine Kündigung im Rahmen des gesetzlichen Kündigungsschutzes aufgrund behördlicher Zustimmung nach dem Willen des Gesetzgebers nicht in jedem Falle ausgeschlossen. Bei der Prüfung der Einbeziehung in den auswahlrelevanten Personenkreis der Sozialauswahl, sind die Arbeitnehmer, deren Wirksamkeit einer arbeitgeberseitigen Kündigung von der Zustimmung einer Behörde abhängt, von den bereits genannten Arbeitnehmern zu unterscheiden, deren Kündigung aufgrund Gesetzes generell ausgeschlossen ist. So ist eine Kündigung von der Zustimmung der zuständigen Behörde abhängig bei Frauen während der Schwangerschaft und bis

---

[262] ErfKomm-Ascheid § 1 KSchG RN 468; Berkowsky, Die betriebsbedingte Kündigung, § 6 RN 104, Seite 165; HK-KSchG-Dorndorf § 1 KSchG RN 1054; KR(7. Auflage)-Etzel § 1 KSchG RN 664; Färber, NZA 1985, 179; v. Hoyningen-Huene/Linck KSchG § 1 RN 453; Kittner/Däubler/Zwanziger-Kittner, KSchR, § 1 KSchG RN 443; Löwisch/Spinner, Kündigungsschutzgesetz, § 1 KSchG RN 359; Stahlhacke-Preis, 8. Auflage 2002, RN 1071; Preis, HAS § 19 F, RN 176; APS-Kiel, § 1 KSchG RN 691; Linck, AR-Blattei, SD 1020.1.2 RN 31; BAG vom 08.08.85, AP Nr. 10 zu § 1 KSchG 1969 Soziale Auswahl (unter A III 2 c aa)

[263] ErfKomm-Ascheid § 1 KSchG RN 468; v. Hoyningen-Huene/Linck KSchG § 1 RN 453; KR(7. Auflage)-Etzel § 1 KSchG RN 664

[264] Stahlhacke-Preis, 8. Auflage 2002, RN 1071; ArbG Hamburg vom 23.04.1998, AiB 1999, 50

zu vier Monaten nach der Entbindung (§ 9 Abs. 1, 3 Satz 1 MuSchG) sowie bei Eltern im Zusammenhang mit der Elternzeit (§ 18 Abs. 1 BErzGG). Aufgrund dieses Verbotes mit Befreiungsvorbehalt, soll die Kündigung für den geschützten Personenkreis soweit wie möglich ausgeschlossen werden und nur ausnahmsweise in besonderen Fällen die Zustimmung erteilt werden.

Die Kündigung schwerbehinderter Menschen (§ 85 i. V. m. § 90 Abs. 1 Nr. 1 SGB IX) bedarf der Zustimmung des Integrationsamtes, sofern nicht eine Ausnahmeregelung des § 90 SGB IX vorliegt.

1. Meinungsstand in der Literatur und der Rechtsprechung

B. Preis[265] vertritt die Auffassung, dass schwerbehinderte Menschen aufgrund ihres besonderen Kündigungsschutzes nicht mit nichtbehinderten Menschen vergleichbar sind. Der besondere Kündigungsschutz des schwerbehinderten Menschen schließt die Vergleichbarkeit aus, mit der Folge, dass schwerbehinderte Menschen nicht in die Sozialauswahl einzubeziehen sind. B. Preis begründet seine Auffassung unter anderem auch damit, dass ein Arbeitgeber keinen Anspruch auf Zustimmung zur Kündigung durch die zuständige Behörde habe.

Nach einer anderen Auffassung in der Literatur[266] sind Arbeitnehmer, deren besonderer Kündigungsschutz auf einem behördlichen Zustimmungserfordernis beruht, in den auswahlrelevanten Personenkreis der Sozialauswahl einzubeziehen, wenn die gesetzlich erforderliche Zustimmung der zuständigen Behörde tatsächlich vorliegt. Nach dieser Auffassung beschränkt sich die Einbeziehung diese Mitarbeiter auf die Fälle, in denen der Arbeitgeber die Zustimmung von sich aus beantragt hat und diesem Antrag entsprochen wurde. Andernfalls, bei Nichtvorliegen der gesetzlich erforderlichen Zustimmung, scheiden diese Arbeitnehmer aus dem auswahlrelevanten Personenkreis aus. Eine Verpflichtung

---

[265] B. Preis, DB 1998, 1763

[266] Ascheid, Kündigungsschutzrecht, RN 323; KR(7. Auflage)-Etzel § 1 KSchG RN 664; v. Hoyningen-Huene/Linck KSchG § 1 RN 454; APS-Kiel, § 1 KSchG RN 692; Erf-Komm-Ascheid § 1 KSchG RN 469; HaKo-Gallner § 1 RN 741; HK-KSchG-Dorndorf § 1 KSchG RN 1053; Löwisch/Spinner, Kündigungsschutzgesetz, § 1 KSchG RN 359; Preis, HAS § 19 F, RN 178; kritisch dazu: Bitter/Kiel, RdA 1994, 355;
abweichend: Lück, Probleme der Sozialauswahl nach § 1 Abs. 3 KSchG, Seite 51
a. A.: Linck, Die soziale Auswahl bei betriebsbedingter Kündigung, Seite 37; Berkowsky, Die betriebsbedingte Kündigung, § 6 RN 108, Seite 166

des Arbeitgebers, die gesetzlich erforderliche Zustimmung bei der zuständigen Behörde einzuholen bestünde jedoch nicht.[267]

Die Gegenauffassung[268] hingegen plädiert für eine generelle Verpflichtung des Arbeitgebers zur Einbeziehung in die Sozialauswahl, der vom besonderen Kündigungsschutz aufgrund eines behördlichen Zustimmungserfordernisses betroffenen Personenkreises. Dabei vertritt Berkowsky[269] die Auffassung, dass der Arbeitgeber zwar die Obliegenheit hat, die behördliche Zustimmung zu beantragen, aber zur Klageerhebung bei Versagung dieser nicht verpflichtet sei.

Das Bundesarbeitgericht[270] hat sich mit Urteil vom 24.03.1983 zur Einbeziehung dieser Arbeitnehmer in die Sozialauswahl geäußert. Festzustellen ist jedoch, dass in diesem Fall die Schwerbehinderung im Zeitpunkt der Kündigung weder festgestellt noch beantragt war. Zu diesem Sonderfall führt das Bundesarbeitsgericht aus, dass die Schwerbehinderung nicht automatisch den Ausschlag zu Gunsten des schwerbehinderten Menschen innerhalb der Sozialauswahl gibt. Es müsse nach den Ausführungen des Gerichts innerhalb der Sozialauswahl vielmehr festgestellt werden, welche konkreten Auswirkungen die Behinderung habe, etwa wie sie sich z. B. auf die Vermittelbarkeit auf dem Arbeitsmarkt auswirke.

Bütefisch[271] strebt eine Entscheidung, ob die einem gesetzlicher Kündigungsschutz aufgrund behördlichem Zustimmungserfordernis geschützten Arbeitnehmer in die Sozialauswahl einzubeziehen sind, dahingehend an, inwieweit eine beantragte Zustimmung Aussicht auf Erfolg hat. Dieses wird von Bütefisch für Frauen während der Schwangerschaft und bis zu vier Monaten nach der Entbindung (§ 9 Abs. 1, 3 Satz 1 MuSchG) sowie bei Eltern im Zusammenhang mit der Elternzeit (§ 18 Abs. 1 BErzGG) verneint und im Bereich der Kündigung von schwerbehinderten Menschen eher bejaht.

---

267 Ascheid, RdA 1997, 335; ErfKomm-Ascheid § 1 KSchG RN 469; HK-KSchG-Dorndorf § 1 KSchG RN 1053; KR(7. Auflage)-Etzel § 1 KSchG RN 664; APS-Kiel, § 1 KSchG RN 692; Löwisch/Spinner, Kündigungsschutzgesetz, § 1 KSchG RN 359; Stahlhacke-Preis, 8. Auflage 2002, RN1073; HaKo-Gallner § 1 RN 741

268 Berkowsky, Die betriebsbedingte Kündigung, § 6 RN 108, Seite 166; MünchArbR-Berkowsky § 139 RN 95; Linck, Die Sozialauswahl bei betriebsbedingter Kündigung, Seite 37; zustimmend: Grunsky/Moll-Moll, Arbeitsrecht und Insolvenz, RN 177

269 Berkowsky, Die betriebsbedingte Kündigung, § 6 RN 108, Seite 166

270 BAG v. 24.03.83, AP Nr. 12 zu § 1 KSchG 1969 Betriebsbedingte Kündigung (unter C I)

271 Bütefisch, Die Sozialauswahl, Seiten 134 ff.

2. Eigener Lösungsansatz

Sinnvoller erscheint hier jedoch eine Lösung auf der Grundlage des Gleichbehandlungsgrundsatzes. Sieht sich der Arbeitgeber zu einer betriebsbedingten Kündigung veranlasst, so sind die Mitarbeiter in die Sozialauswahl einzubeziehen, bei denen die behördliche Zustimmung tatsächlich vorliegt. Der Arbeitgeber hat jedoch dann die Zustimmung zu beantragten, wenn er diese für einen besonders geschützten Arbeitnehmer aus einer bestimmten Gruppe mit besonderem gesetzlichen Kündigungsschutz beantragt hat. Hat er also die Zustimmung des Integrationsamtes für eine Kündigung eines schwerbehinderter Menschen gem. § 85 i. V. m. § 90 Abs. 1 Nr. 1 SGB IX beantragt, so hat er diese Zustimmung auch für sämtliche Mitarbeiter zu beantragen, die unter den Schutz des § 85 i. V. m. § 90 Abs. 1 Nr. 1 SGB IX fallen, es sei den, dass sachlich relevante Gründe im Rahmen des Gleichheitsgrundsatzes vorliegen, die es ermöglichen eine oder mehrere Personen auszuschließen.

Entsprechendes gilt, wenn der Arbeitgeber beantragt hat, eine Kündigung einer Frau während der Schwangerschaft und bis zu vier Monaten nach der Entbindung gem. § 9 Abs. 1, 3 Satz 1 MuSchG für zulässig zu erklären. Unter Anwendung des Gleichbehandlungsgrundsatzes ist auch hier der Arbeitgeber verpflichtet, sofern er bei einer Mitarbeiterin einen entsprechenden Antrag gestellt hat, diesen auch für sämtliche Mitarbeiterinnen zu stellen, soweit sie unter dem Schutz des § 9 Abs. 1, 3 Satz 1 MuSchG stehen. Lediglich dort, wo sachlich relevante Gründe im Rahmen des Gleichbehandlungsgrundsatzes eine Ausnahme rechtfertigen, hat der Arbeitgeber die Möglichkeit eine oder mehrere Mitarbeiterinnen auszuschließen.

Auch für Eltern im Zusammenhang mit der Elternzeit, die einen Schutz gem. § 18 Abs. 1 BErzGG genießen, ist entsprechend dem Gleichbehandlungsgrundsatz und den aufgezeigten Kriterien zu verfahren.

Sollte der Arbeitgeber trotz beantragter Zustimmung, die Zustimmung für einige Personen nicht erhalten, so ist er grundsätzlich nicht zur Klage verpflichtet. Eine Klagepflicht vor dem Verwaltungsgericht auf Zustimmung besteht nur dann, wenn er die Klage bei einer Zustimmungsverweigerung für eine Person eingereicht hat.

Hat er also die Zustimmung des Integrationsamtes für eine Kündigung eines schwerbehinderter Menschen gem. § 85 i. V. m. § 90 Abs. 1 Nr. 1 SGB IX nicht erhalten und Klage eingereicht, so ist er auch im Rahmen des Gleichbehandlungsgrundsatzes verpflicht, bei sämtlichen Mitarbeitern Klage einzureichen, die unter den Schutz des § 85 i. V. m. § 90 Abs. 1 Nr. 1 SGB IX fallen und die Behörde nicht die beantragte Zustimmung erteilt hat, es sei den, dass sachlich relevante Gründe im Rahmen des Gleichheitsgrundsatzes vorliegen, die es ermöglichen, eine oder mehrere Personen auszuschließen.

Entsprechend ist bei Frauen zu verfahren, die dem Schutz des § 9 Abs. 1, 3 Satz 1 MuSchG unterliegen. Wurde die Zustimmung nicht erteilt, und hat der Arbeitgeber bei einer geschützten Frau Klage eingereicht, so ist er auch hier, unter Anwendung des Gleichbehandlungsgrundsatzes, verpflichtet bei sämtlichen Frauen, die dem Schutz des § 9 Abs. 1, 3 Satz 1 MuSchG unterliegen Klage einzureichen, sofern die Behörde die Zustimmung verweigert hat und keine besonderen Gründe vorliegen, die ein anderes Vorgehen, unter Beachtung des Gleichbehandlungsgrundsatzes, rechtfertigen würden.

Zusammenfassend lässt sich also festhalten, dass die Arbeitnehmer mit gesetzlichem Kündigungsschutz aufgrund behördlicher Zustimmungserfordernisse grundsätzlich nicht zum auswahlrelevanten Personenkreis der Sozialauswahl gehören, es sei den, die erforderliche Zustimmung liegt vor und diese wiederum ist im Rahmen des Gleichbehandlungsgrundsatzes vom Arbeitgeber zu beantragen.

Würde man vom Arbeitgeber, wie teilweise in der Literatur[272] gefordert, grundsätzlich verlangen, dass er die erforderliche Zustimmung beantragt und darüber hinaus sogar verlangen, dass er Klage einreichen muss, würde man ihm ein Prozessrisiko geradezu aufzwingen, sodass er bei getroffener Unternehmerentscheidung mit deren Umsetzung stets eine zeitliche Verzögerung in Kauf nehmen muss, ohne darauf einen Einfluss zu haben. Bei vorhandener grundgesetzlicher Rechtsweggarantie gem. Art. 19 Abs. 4 GG, muss es auch als eine Art actus-contrarius-Gedanken, ein Recht geben, eine Klage grundsätzlich nicht zwingend einreichen zu müssen, sondern nur dort wo sich der Arbeitgeber im Grundsatz durch den Gleichbehandlungsgrundsatz dafür entschieden hat.

Letztendlich treffen hier zwei gesetzliche Wertungen aufeinander die beide das Ziel haben, Arbeitnehmer zu schützen, die aufgrund verschiedenartiger Einschränkungen, bei einer drohenden Kündigung größere Schwierigkeiten haben, einen neuen Arbeitsplatz zu finden. So haben Schwangere und Mütter in der Elternzeit, sowie schwerbehinderte Menschen besondere Probleme bei der Suche nach einer neuen Erwerbstätigkeit. Ähnliche Probleme treten auch bei Personen auf, die als sozial schwächer im Sinne des § 1 Abs. 3 KSchG eingestuft werden,

---

[272] Berkowsky, Die betriebsbedingte Kündigung, § 6 RN 108, Seite 166; Linck, Die Sozialauswahl bei betriebsbedingter Kündigung, Seite 37; zustimmend: Grunsky/Moll-Moll, Arbeitsrecht und Insolvenz, RN 177

insbesondere, wenn sie ein höheres Lebensalter haben. Das Gesetz gibt jedoch bei dem besonderen Kündigungsschutz auf einem behördlichen Zustimmungserfordernis eine Art Öffnung vor, indem die Genehmigung beantragt werden kann und gegebenenfalls auch erteilt wird. Das Gesetz sieht es jedoch nicht vor, dass der Arbeitgeber davon Gebrauch machen muss, nicht einmal in bestimmten Fällen. Anders bei § 1 Abs. 3 KSchG, hier sieht das Gesetz keine Öffnung vor. Ob der Arbeitgeber von der Öffnung durch behördlichen Zustimmung Gebrauch machen möchte liegt jedoch in seinem Ermessen.

C. Arbeitnehmer mit befristetem Arbeitsverhältnis ohne ordentliche Kündigungsmöglichkeit und die Sozialauswahl des § 1 Abs. 3 KSchG

Arbeitnehmer mit befristetem Arbeitsverhältnis sind mangels grundsätzlicher ordentlicher Kündigungsmöglichkeit ebenfalls nicht in die Sozialauswahl des § 1 Abs. 3 KSchG einzubeziehen, sofern nicht aufgrund vertraglicher Vereinbarung ausdrücklich die ordentliche Kündigungsmöglichkeit trotz der Befristung vereinbart wurde.[273] Berkowsky[274] und Linck[275] gehen dabei davon aus, dass sich bei befristeten Arbeitsverhältnissen der Kündigungsausschluss auf § 620 BGB - nunmehr § 15 Abs. 3 TzBfG - beruht und es sich damit um einen gesetzlichen Kündigungsausschluss handelt, entsprechend z. B. § 15 KSchG. Bei dieser Auffassung wird jedoch übersehen, dass es sich bei § 620 BGB / § 15 Abs. 3 TzBfG um dispositives Recht handelt. Zwar schließt § 15 Abs. 3 TzBfG die ordentliche Kündigung aus, sofern diese nicht einzelvertraglich oder im anwendbaren Tarifvertrag vereinbart ist. Entgegen den anderen aufgezeigten gesetzlichen Bestimmungen entsprechend § 15 KSchG, etc. steht jedoch § 15 Abs. 3 TzBfG zur Disposition der Parteien.[276] Die Vertragsparteien können durch die fehlende Vereinbarung einer ordentlichen Kündigungsmöglichkeit über die ordentliche Unkündbarkeit innerhalb des befristeten Arbeitsverhältnisses aufgrund

---

273 So auch im Ergebnis die h. M.: ErfKomm-Ascheid § 1 KSchG RN 470; Berkowsky, Die betriebsbedingte Kündigung, § 6 RN 111, Seite 167; Bütefisch, Die Sozialauswahl, Seite 132; HK-KSchG-Dorndorf § 1 KSchG RN 1056; v. Hoyningen-Huene/Linck KSchG § 1 RN 455; Linck, AR-Blattei, SD 1020.1.2 RN 33; KPK-Meisel, Teil H, § 1 RN 518
a. A.: Löwisch/Spinner, Kündigungsschutzgesetz, § 1 KSchG RN 361

274 Berkowsky, Die betriebsbedingte Kündigung, § 6 RN 111, Seite 167; MünchArbR-Berkowsky § 139 RN 98

275 Linck, Die soziale Auswahl bei betriebsbedingter Kündigung, Seiten 37 f.

276 Stahlhacke-Preis, 8. Auflage 2002, RN 1072

ihres Parteiwillens entscheiden.[277] Die Unkündbarkeit tritt somit nicht aufgrund einer zwingenden Wertung des Gesetzgebers ein, sondern beruht auf der fehlenden Vereinbarung der ordentlichen Kündigungsmöglichkeit, die grundsätzlich gem. § 15 Abs. 3 TzBfG zur Disposition der Parteien steht. Bei der ordentlichen Unkündbarkeit befristeter Arbeitsverhältnisse handelt es sich nicht um ein gesetzliches Kündigungsverbot entsprechend § 15 KSchG, § 29a HAG, § 96 Abs. 3 SGB IX, § 15 Abs. 2 BBiG, § 2 Abs. 1 ArbPlSchG sowie § 2 Abs. 1 EignungsübungsG. Die Auffassung[278] des gesetzlichen Kündigungsausschlusses ist demnach an dieser Stelle abzulehnen.

Jedoch unabhängig davon, ob man die Unkündbarkeit im befristeten Arbeitsverhältnis aufgrund eines gesetzlichen Kündigungsverbotes oder aufgrund einer einzelvertraglicher Vereinbarung begründet, sind die Arbeitnehmer bei fehlender ordentlicher Kündigungsmöglichkeit nicht in den für die Sozialauswahl relevanten Personenkreis einzubeziehen. Letztendlich steht im befristeten Arbeitsverhältnis die einzelvertragliche Unkündbarkeit aufgrund mangelnder Vereinbarung der ordentlichen Kündigung im Einklang mit der Wertung des Gesetzgebers in § 15 Abs. 3 TzBfG. Aus dem Wesen des befristeten Arbeitsvertrages ergibt sich, dass ein befristetes Arbeitsverhältnis nicht ordentlich gekündigt werden kann. Ein befristetes Arbeitsverhältnis endet durch Zeitablauf.

Es kann insoweit dahingestellt bleiben, wie man den Ausschluss aus dem auswahlrelevanten Personenkreis der Sozialauswahl bei befristet beschäftigten Arbeitnehmern begründet, aufgrund gesetzlicher Vorgaben oder aufgrund einzelvertraglicher Vereinbarung, die Unkündbarkeit wird in § 15 Abs. 3 TzBfG gesetzlich für den Fall normiert, indem die ordentliche Kündigung nicht vereinbart wurde. Die einzelvertragliche Vereinbarung findet somit im Gesetz ihren Niederschlag und damit auch ihre Legitimation. Nur aufgrund dieser gesetzlichen Legitimation der Unkündbarkeit bei befristet beschäftigten Arbeitnehmern sind diese Arbeitnehmer nicht in die Sozialwahl einzubeziehen, auch wenn der Ursprung der Unkündbarkeit auf einer fehlenden Vereinbarung einer entsprechenden ordentlichen Kündigungsmöglichkeit beruht und auch wenn dadurch als Kehrseite langjährig unbefristet beschäftigte Mitarbeiter benachteiligt werden könnten.

Daher ist auch der Sachverhalt dort anders zu bewerten, wo die Unkündbarkeit aufgrund einer ausschließlich einzelvertraglichen Vereinbarung im unbefristeten Arbeitsverhältnis beruht, ohne gesetzliche Legitimation, oder besser gesagt,

---

[277] Stahlhacke-Preis, 8. Auflage 2002, RN 1072; Bütefisch, Die Sozialauswahl, Seite 132 f. (entsprechend für § 620 BGB); Löwisch/Spinner, Kündigungsschutzgesetz, § 1 KSchG RN 361

[278] v. Hoyningen-Huene/Linck KSchG § 1 RN 455

ohne gesetzliche Bestätigung der Rechtsfolge. Andernfalls könnte letztendlich bei kooperativem Zusammenwirken von Arbeitnehmer und Arbeitgeber sogar während des bestehenden Arbeitsverhältnisses die Regeln der Sozialauswahl allein durch eine einzelvertragliche Vereinbarung einer ordentlichen Unkündbarkeit im bestehenden unbefristeten Arbeitsverhältnis ausgehebelt werden. Es würde praktisch durch einzelvertragliche Vereinbarung die Regelung der Leistungsträgerklausel i. S. d. § 1 Abs. 3 Satz 2 KSchG eingeführt werden.

Dieser Gedanke ist auch bei der Vereinbarung eines entsprechenden Tarifvertrages mit Unkündbarkeitsregeln fortzuführen. Dort, wo die Unkündbarkeit ausschließlich auf einer einzelvertraglichen Vereinbarung beruht, sind die besonders geschützten Arbeitnehmer in die Sozialauswahl einzubeziehen. Dort, wo die Unkündbarkeit auf einer einzelvertraglichen Vereinbarung beruht, die jedoch gesetzlich bestätigt und damit legitimiert wird, sind die geschützten Mitarbeiter nicht in die Sozialauswahl einzubeziehen.

Bütefisch[279] führt in diesem Zusammenhang aus, dass das Ergebnis, Mitarbeiter im befristeten Arbeitsverhältnis seien nicht in die Sozialauswahl einzubeziehen, inhaltlich im engen Zusammenhang mit den strengen Anforderungen des Gesetzgebers an die Voraussetzungen einer rechtmäßigen Befristung steht. Des Weiteren sei ein Einklang darin begründet, dass der befristet beschäftigte Mitarbeiter nicht die Sicherheit einer dauerhaften Anstellung habe, jedoch aufgrund der Nichteinbeziehung zumindest einen vorübergehenden Schutz genieße. Der Gedanke von Bütefisch führt hier zum selben Ergebnis, dennoch ist die geführte Argumentation abzulehnen. Zur Verdeutlichung sei hier folgendes Beispiel genannt: Ein auf der Grundlage des § 14 Abs. 2 TzBfG ohne Sachgrund befristet beschäftigter Mitarbeiter ist seit 5 Monaten im Unternehmern tätig. Die Auftragslage hat sich derart verschlechtert, dass der Arbeitgeber zwei Mitarbeitern betriebsbedingt kündigen muss. Die Kündigung trifft zwei Mitarbeiter die bereits seit 15 Jahren im Betrieb sind. Die anderen Mitarbeiter sind länger im Unternehmern und haben Unterhaltspflichten. Das hier der befristet beschäftigte Mitarbeiter, der keine Unterhaltspflichten hat, deutlich jünger als seine Kollegen ist und noch nicht einmal dem Kündigungsschutzgesetz unterliegt, da er erst 5 Monate im Unternehmen ist, nicht in die Sozialauswahl einzubeziehen ist, ist aufgrund der von Bütefisch geführten Argumentation schwer nachvollziehbar. Hier kann man nur dahingehend Argumentieren, dass zwar der Kündigungsschutz auf der Grundlage einer einzelvertraglichen Vereinbarung basiert, aber diese Unkündbarkeit des befristet beschäftigten Mitarbeiters gesetzlich legitimiert wird. Nur aufgrund dieser gesetzlichen Legitimation ist der befristet beschäftigte Arbeitnehmer nicht in die Sozialauswahl einzubeziehen.

[279] Bütefisch, Die Sozialauswahl, Seite 133

Ist das befristete Arbeitsverhältnis hingegen ordentlich kündbar, aufgrund einer entsprechenden erforderlichen Vereinbarung, dann sind diese Arbeitnehmer auch in die Sozialauswahl einzubeziehen. In diesem Fall würde den ordentlich kündbaren Arbeitnehmern trotz des befristeten Arbeitsverhältnisses jede Form einer denkbaren Kündigungsbeschränkung, eines besonderen Kündigungsschutzes, fehlen.

D. Einzelvertragliche Vereinbarung der ordentlichen Kündbarkeit und die Sozialauswahl des § 1 Abs. 3 KSchG

Nach der wohl h. M.[280] sind auch Arbeitnehmer deren ordentliche Unkündbarkeit auf einer einzelvertraglichen Vereinbarung beruht nicht in die Sozialauswahl des § 1 Abs. 3 KSchG einzubeziehen.

Preis[281] führt dazu aus, der Regelungsgehalt des einzelvertraglichen Kündigungsverbots sei nicht mit dem des § 1 Abs. 3 KSchG identisch. Einzelvertragliche Unkündbarkeitsklauseln führten nur mittelbar zu einer Erhöhung des Kündigungsrisikos der anderen Mitarbeiter, es handele sich hierbei nur um eine mittelbare, reflexartige Wirkung, es werde nicht die Sozialauswahl selbst geregelt, sondern nur das Kündigungsrecht gegenüber dem einzelnen Mitarbeiter.

Etzel[282] weist ebenfalls darauf hin, die einzelvertraglichen Kündigungsverbote richten sich nicht gegen die anderen Arbeitnehmer und wollen deren Kündigungsschutz nicht beschränken. Der Zweck der einzelvertraglichen Kündigungsverbote liegt ausschließlich darin, den Arbeitnehmer vor einer ordentlichen Kündigung zu schützen. Der einzelvertraglich begünstigte Arbeitnehmer sei daher nicht in die Sozialauswahl des § 1 Abs. 3 KSchG einzubeziehen, die Auswirkung auf die anderen Arbeitnehmer sei lediglich ein unbeachtlicher Reflex.

Diese Auffassung wird insbesondere von v. Hoyningen-Huene[283] abgelehnt. Der einzelvertragliche Ausschluss der ordentlichen Kündigungsmöglichkeit führt zu einer Verschlechterung des Kündigungsschutzes der übrigen Arbeitnehmer. Insoweit liegt ein unzulässiger Vertrag zu Lasten Dritter vor. Die einzelvertraglich

---

[280] Stahlhacke-Preis, 8. Auflage 2002, RN 1074; KR(7. Auflage)-Etzel § 1 KSchG RN 665 f.; ErfKomm-Ascheid § 1 KSchG RN 472; Färber, NZA 1985, 179; Jobs, DB 1986, 538 (539); Pauly, ArbuR 1997,97 f.; Schaub, RdA 1981, 375

[281] Stahlhacke-Preis, 8. Auflage 2002, RN 1074

[282] KR(7. Auflage)-Etzel § 1 KSchG RN 666

[283] v. Hoyningen-Huene/Linck, KSchG § 1 RN 459

unkündbaren Arbeitnehmer sind daher auch in die Sozialauswahl einzubeziehen.[284]

Das LAG Sachsen [285] geht mit Urteil vom 28.03.1996 differenziert vor. Im Grundsatz sind nach Auffassung des Gerichts die einzelvertraglich unkündbaren Arbeitnehmer nicht in die Sozialauswahl des § 1 Abs. 3 KSchG einzubeziehen, da sich einzelvertragliche Kündigungsvereinbarungen regelmäßig nicht gegen die anderen Arbeitnehmer richten und deren Kündigungsschutz beschränken wollen. Die Sachlage ist nach Auffassung des Gerichts jedoch gerade dann anders zu beurteilen, wenn das einzelvertragliche Kündigungsverbot gerade mit dem Ziel abgeschlossen wurde, den betreffenden Arbeitnehmer aus der Sozialauswahl zu nehmen. In diesem Fall, so argumentiert das Gericht, sei die einzelvertragliche Kündigungsvereinbarung wegen der unzulässigen Umgehung des § 1 Abs. 3 KSchG unzulässig.

Stellungnahme

Folgt man der aufgezeigten Differenzierung des LAG Sachsen[286] so drängt sich die Frage auf, ob nicht einzelvertragliche Kündigungsvereinbarungen grundsätzlich letztendlich das Ziel haben, den betreffenden Mitarbeiter bei betriebsbedingten Kündigungen aus der Sozialauswahl auszuschließen. Andernfalls würden die Vereinbarungen ihren Sinn verlieren. Mag die Vereinbarungen auch noch weitere Ziele beinhalten, wie z. B. eine Arbeitszeitreduzierung und dafür ein höherer Bestandsschutz, so wird der Mitarbeiter die Vereinbarung nur unterzeichnen, damit er bei betriebsbedingten Kündigung nicht in die Sozialauswahl fällt.

Das Gesetz schreibt jedoch zwingend in § 1 Abs. 3 KSchG die Regeln der sozialen Auswahl vor, darin dürfen nicht Vereinbarungen zwischen Arbeitgeber und Mitarbeitern eingreifen, die letztendlich zur Folge haben, dass diese zwingende Regelung zu Ungunsten anderer sozialschwächerer Mitarbeiter abgeändert wird.

Umgekehrt würde es auch bedeuten, dass Mitarbeiter, die nicht bereit sind auf einen Teil ihrer Arbeitszeit zu verzichten, um in Gegenzug ein einzelvertraglich besonders geschütztes Arbeitsverhältnis zu erhalten, die Konsequenzen bei der Sozialauswahl tragen müssen. Diese Mitarbeiter fallen nun in die Sozialauswahl und tragen ein höheres Kündigungsrisiko. Genau diese Mitarbeiter haben aber

[284] v. Hoyningen-Huene/Linck, KSchG § 1 RN 459; Künzl, ZTR 1996, 389; Löwisch/Spinner, Kündigungsschutzgesetz, § 1 KSchG RN 361; im Ergebnis wohl auch: Kania/Kramer, RdA 1995, 287 (288)

[285] LAG Sachsen vom 28.03.1996, LAGE § 1 KSchG Soziale Auswahl Nr. 18

[286] LAG Sachsen vom 28.03.1996, LAGE § 1 KSchG Soziale Auswahl Nr. 18

möglicherweise die einzelvertragliche Vereinbarung nicht abschließen können, weil sie aufgrund besonderer Unterhaltspflichten auf ein Gehalt aus einer Vollzeittätigkeit angewiesen sind.

Arbeitnehmer deren Unkündbarkeit auf einer einzelvertraglichen Vereinbarung beruht, sind in die Sozialauswahl des § 1 Abs. 3 KSchG einzubeziehen.[287] Umgehungen diese zwingenden gesetzlichen Regelung, die zu einem erhöhten Kündigungsrisiko der anderen Mitarbeiter führen, sind unwirksam. Es sind lediglich einzelvertragliche Kündigungsvereinbarungen denkbar, indem dem betroffenen Mitarbeiter offeriert wird, dass er keine Kündigung erhält, wenn er sich nach erfolgter Sozialauswahl als sozial stark erweisen sollte. In diesem Fall kann der Arbeitgeber auch nicht den sozialschwächeren Arbeitnehmer kündigen und verzichtet in diesem Fall vollständig auf eine Kündigung.

[287] so auch: v. Hoyningen-Huene/Linck, KSchG § 1 RN 459; Künzl, ZTR 1996, 389; Löwisch/Spinner, Kündigungsschutzgesetz, § 1 KSchG RN 361; im Ergebnis wohl auch: Kania/Kramer, RdA 1995, 287 (288)

Sechstes Kapitel: Die Angleichung der außerordentlichen Kündigung eines unkündbaren Arbeitnehmers an die ordentliche Kündigung

Die vorwiegend durch die Rechtsprechung entwickelten Grundsätze der ausnahmsweise zulässigen außerordentlichen Kündigung der an sich unkündbaren Arbeitnehmer geht einher mit dem Gedanken, dass der ordentlich unkündbare Arbeitnehmer zumindest kein Nachteil durch die ausnahmsweise zulässige außerordentliche Kündigung erwachsen darf.[288] Es ist daher in verschiedenen Bereichen eine Angleichung der ausnahmsweise zulässige außerordentliche Kündigung an die ordentliche Kündigung festzustellen.

A. Auswirkungen der Unkündbarkeit auf die Betriebs- und Personalratsbeteiligung

Die ordentliche und die außerordentliche Kündigung unterliegen unterschiedlichen Betriebs- bzw. Personalratsbeteiligungen. In Ausnahmefällen kann beim ordentlich unkündbaren Arbeitnehmer, im Gegensatz zum ordentlich kündbaren Arbeitnehmer, eine außerordentliche Kündigung ausgesprochen werden. Damit sich in diesen Fällen die Beteiligung des Betriebsrates nicht zum Nachteil des ordentlich unkündbaren Arbeitnehmers auswirkt, ist an die Beteiligung des Betriebs- bzw. Personalrates dieselben strengen Anforderungen zu stellen, die auch bei einer ordentlichen Kündigung Anwendung finden.[289]

Auch von der Rechtsprechung[290] werden die weitgehend schärferen Beteiligungsregeln des Betriebs- bzw. Personalrates befürwortet um dem sich aus der außerordentlichen Kündigung gegenüber tarifvertraglich unkündbaren Arbeitnehmern ergebenen Wertungswiderspruch zu begegnen. Andernfalls würde eine nichtgerechtfertigte Schlechterstellung des besonders geschützten unkündbaren hinsichtlich des vergleichbaren ordentlich kündbaren Arbeitnehmers erfolgen.

§ 102 Abs. 3 - 5 BetrVG sind daher auch auf die ausnahmsweise zulässige außerordentliche Kündigung des tarifvertraglich besonders geschützten Arbeitnehmers anwendbar. Hinsichtlich der Stellungnahme des Betriebsrates gilt die

---

[288] Schwerdtner, FS-Kissel, Seite 1085
[289] Bröhl, FS-Schaub, Seite 62 f.
[290] BAG vom 05.02.1998, EzA § 626 BGB Unkündbarkeit Nr. 2

Wochenfrist des § 102 Abs. 2 Satz 1 BetrVG und nicht die Frist von drei Tagen gem. § 102 Abs. 2 Satz 3 BetrVG.[291]

Entsprechend gelten auch für die Personalratsbeteiligungen die strengeren einschlägigen Beteiligungsregeln. So ist z. B. in Landespersonalvertretungsgesetzen eine Zustimmung des Personalrates für die ordentliche Kündigung, im Gegensatz zur außerordentlichen Kündigung, erforderlich.

Nach der Rechtsprechung[292] setzt des Weiteren die ordnungsgemäße Anhörung des Betriebsrates unter anderem voraus, dass dem Betriebsrat durch den Arbeitgeber die Art der beabsichtigten Kündigung mitgeteilt wird, ob es sich also um eine ordentliche oder außerordentliche Kündigung handelt. Entsprechendes gilt auch für den Fall der beabsichtigten Kündigung eines unkündbaren Arbeitnehmers. Dem Betriebsrat ist hier mitzuteilen, dass es sich um eine außerordentliche Kündigung handelt und lediglich aufgrund der ordentlichen Unkündbarkeit eine Auslauffrist zu beachten ist.

Im Bereich der Personalratsbeteiligung sind im Gegensatz zur Betriebsratsbeteiligung oftmals andere Voraussetzungen bei der Anhörung zu beachten, da hier andere gesetzliche Regelungen zur Anwendung kommen. Probleme könnten sich dort ergeben wo für die Personalratsbeteiligung bei der ordentlichen Kündigung eine Frist von zwei Wochen vorgesehen und gleichzeitig die zweiwöchige Ausschlussfrist des § 626 Abs. 2 BGB zu beachten ist. Der Arbeitgeber hätte in diesem Fall praktisch keinen Einscheidungszeitraum für oder gegen den Ausspruch der im Ausnahmefall zulässigen außerordentlichen Kündigung des ordentlich unkündbaren Arbeitnehmers.

Das Niedersächsische Personalvertretungsgesetz (NPersVG) schreibt z. B. in § 68 Abs. 2 Satz 3 NPersVG für die ordentliche Kündigung eine Frist zur Entscheidung für den Personalrat von zwei Wochen vor. Aufgrund der Tatsache, dass der ordentlich unkündbare Arbeitnehmer nur außerordentlich im Ausnahmefall kündbar ist, ist die Zweiwochenfrist des § 626 Abs. 2 BGB zu beachten. Die Beteilungsfrist des Personalrates kann jedoch gem. § 68 Abs. 2 Satz 4 NPersVG in dringenden Fällen auf eine Woche verkürzt werden. Inwieweit bei der außerordentlichen Kündigung eines unkündbaren Arbeitnehmers ein dringender Fall i. S. d. § 68 Abs. 2 Satz 4 NPersVG vorliegt und die Frist zur Personalratsbeteiligung auf eine Woche abgekürzt werden darf, ist von der Rechtsprechung nicht für den Bereich des Niedersächsischen Personalvertretungsgesetzes entschieden. Eine derartige Möglichkeit der Fristverkürzung lässt sich jedoch im

---

291 Kappelhoff in Tschöpe, ArbeitsR, Teil 3 E, RN 59; BAG vom 05.02.1998, AP Nr. 143 zu § 626 BGB

292 BAG vom 29.08.1991, EzA § 102 BetrVG 1972 Nr. 82

Bereich des Niedersächsischen Personalvertretungsgesetzes vermuten, da andernfalls die Frist des § 626 Abs. 2 BGB und des § 68 Abs. 2 Satz 3 NPersVG sich praktisch wegen vollständiger Überschneidung nicht vereinbaren lassen würde.

Auf der anderen Seite ist zu vermerken, dass gerade im Bereich der betriebsbedingten und krankheitsbedingten Kündigung es sich oftmals um Dauertatbestände handelt. Bei der betriebsbedingten Kündigung wird der Wegfall der Beschäftigungsmöglichkeit von der Rechtsprechung als Dauertatbestand angesehen und durch jede weitere Gehaltsfortzahlung wird Frist des § 626 Abs. 2 BGB immer wieder erneut in Gang gesetzt. [293] Die Rechtsprechung[294] nimmt entsprechend bei der dauernden Unfähigkeit, die vertraglich geschuldeten Dienste zu erbringen, ebenfalls einen Dauertatbestand an. Soweit in den letzten zwei Wochen vor Kündigungsausspruch die Arbeitsunfähigkeit anhält, ist die Ausschlussfrist des § 626 Abs. 2 BGB gewahrt. Die vollständige Überschneidung der beiden zweiwöchigen Fristen des § 68 Abs. 2 Satz 3 NPersVG und des § 626 Abs. 2 BGB würde sich insoweit also praktisch auflösen.

Im Bereich der Betriebsratsbeteiligung lässt sich jedoch feststellen, dass das vorgeschriebene Anhörungsverfahren nach dem BetrVG jedenfalls nicht die Ausschlussfrist des § 626 Abs. 2 BGB verlängert. Das in § 102 BetrVG vorgeschriebene Anhörungsverfahren muss vor Fristablauf durchgeführt und vor Ausspruch der Kündigung abgeschlossen sein[295], es sei denn, es handelt sich um einen Dauertatbestand durch den die Frist des § 626 Abs. 2 BGB gewahrt wird.

Besondere Konsequenzen der Gleichstellung der außerordentlichen Kündigung mit der ordentlichen Kündigung der kündbaren Arbeitnehmer ergeben sich auch im weitergehenden Mitbestimmungsverfahren im öffentlichen Dienst. Sowohl das BPersVG als auch einige LPVG sehen für die ordentliche Kündigung ein weitergehendes Mitbestimmungsverfahren vor, wo zum Teil sogar die ordentliche Kündigung der Zustimmung durch die Personalräte unterliegt (vgl. §§ 72, 79 Abs. 1 BPersVG, § 65 Abs. 2 Nr. 9 i. V. m. § 68 Abs. 1 NPersVG, § 72a LPVG NW), bei der außerordentlichen Kündigung der Personalrat hingegen nur angehört werden muss (vgl. § 79 Abs. 3 BPersVG, § 75 Abs. 1 Nr. 3 i. V. m. § 76 NPersVG, § 72a Abs. 2 LPVG NW). Für den Bereich der Personalratsbe-

---

293 BAG vom 05.02.1998, EzA § 626 BGB Unkündbarkeit Nr. 2; BAG vom 17.09.1998, AP Nr. 148 zu § 626 BGB (unter II 3); APS-Dörner § 626 BGB RN 140

294 BAG vom 21.03.1996, EzA § 626 BGB Ausschlussfrist Nr. 10

295 MünchKomm-Schwerdtner § 626 BGB RN 239; Richardi, BetrVG § 102 RN 74; Galperin-Löwisch, BetrVG, § 102 RN 35; Hueck, FS-25 Jahre BAG, Seite 255; Richardi, Anmerkung zu BAG vom 28.02.1974, AP Nr. 2 zu § 102 BetrVG 1972

teiligung nach §§ 72, 79 BPersVG hat das BAG am 18.10.2000 entschieden.[296] Das Bundesarbeitsgericht führt aus, dass bei einer Umdeutung einer außerordentlich fristlosen Kündigung in eine außerordentliche Kündigung mit notwendiger Auslauffrist grundsätzlich eine Beteiligung des Personalrates nach den geltenden Bestimmungen für die ordentliche Kündigung erforderlich ist.

B. Die Auslauffrist

Bei der außerordentlichen Kündigung des unkündbaren Arbeitnehmers ist zur Vermeidung von Wertungswidersprüchen eine Auslauffrist einzuhalten, da es dem Schutzzweck der Unkündbarkeit widerspräche, wenn der unkündbare Arbeitnehmer schlechter stünde als der kündbare Mitarbeiter.[297]

Vereinzelt ist dabei jedoch zu beachten, dass auf den Zweck des Kündigungsausschlusses abgestellt werden muss, zur Beantwortung der Frage, ob eine Auslauffrist möglicherweise als nicht erforderlich angesehen werden kann.[298]

Soweit der ordentlich unkündbare Arbeitnehmer außerordentlich befristet gekündigt wird, handelt es sich bei dieser Frist nicht um die Wahrung einer sozialen Auslauffrist, sondern um die Einhaltung der gesetzlichen oder tarifvertraglichen Kündigungsfrist, also um eine Auslauffrist die von Rechts wegen einzuhalten ist.[299] Mit einem besonderen sozialen Entgegenkommen hat die Beachtung der Frist nichts zu tun. Die Einhaltung der Frist ist notwendig, um überall dort, wo der ordentlich unkündbare Arbeitnehmer ausnahmsweise außerordentlich, im Gegensatz zum kündbaren Arbeitnehmer, gekündigt werden kann und stellt damit eine Voraussetzung für die Wirksamkeit der Kündigung dar, die sich aus dem ultima-ratio-Grundsatz ergibt.

Der ordentlich unkündbare Arbeitnehmer ist gegenüber dem kündbaren Arbeitnehmer besser zu stellen. Dieses folgt aus seiner ordentlichen Unkündbarkeit, durch die er im Gegensatz zu den ordentlich kündbaren Arbeitnehmern, vor jeder ordentlichen Kündigung geschützt werden soll, die außerordentliche Kündi-

---

296 BAG vom 18.10.2000, NZA 2001, 219

297 BAG vom 05.02.1998, AP Nr. 143 zu § 626 BGB; BAG vom 13.04.2000, NZA 2001, 277; BAG vom 06.11.1997, NZA 1998, 833

298 keine Auslauffrist bei außerordentlichen Kündigungen von Betriebsratsmitgliedern, vgl. BAG vom 06.03.1986, AP Nr. 19 zu § 15 KSchG 1969 mit zust. Anm. Schlaeper

299 Schwerdtner, FS-Kissel, Seite 1091; Stahlhacke-Preis, 8. Auflage, RN 769; BAG vom 28.03.1985, AP Nr. 86 zu § 626 BGB

gung jedoch in Ausnahmefällen gerade aufgrund der fehlenden ordentlichen Kündigungsmöglichkeit zum Tragen kommt.

Preis[300] gibt daher zu bedenken, dass im Falle einer ausnahmsweise zulässigen außerordentlichen Kündigung des unkündbaren Arbeitnehmers aufgrund einer Betriebsschließung oder sonstiger Gründe die den vollständigen Wegfall des Arbeitsplatzes begründen, der Kündigende nicht nur die Frist einzuhalten habe die gelten würde, wenn der Arbeitnehmer ordentlich kündbar wäre, sondern eine längere Frist. Denkbar wäre in einem solchen Fall die längste gesetzliche oder tarifvertragliche Kündigungsfrist. Dieser Gedanke wird von Preis[301] damit begründet, dass der unkündbare Arbeitnchmer gerade gegenüber dem kündbaren Arbeitnehmer besser gestellt werden soll.

Preis[302] ist insoweit Recht zu geben, als er eine Besserstellung des ordentlich unkündbaren Arbeitnehmers gegenüber dem ordentlich kündbaren Arbeitnehmer für erforderlich hält, aber - die Einhaltung der längsten gesetzlichen oder tarifvertraglichen Kündigungsfrist ist für eine Besserstellung des unkündbaren Arbeitnehmers nicht zwingend erforderlich. In dem grundsätzlichen Ausschluss der ordentlichen Kündigung liegt bereits eine erhebliche Besserstellung. Die Kündigungsmöglichkeit der außerordentlichen Kündigung greift beim unkündbaren Arbeitnehmer nur in eng geregelten Ausnahmefällen, in denen die außerordentliche Kündigung statt der ausgeschlossenen ordentlichen Kündigung zugelassen wird. In diesen engen Ausnahmefällen bedarf es keiner weiteren Besserstellung des unkündbaren Mitarbeiters, da gerade in diesen Ausnahmefällen die Interessen des kündigenden Arbeitgebers aufgrund der Ausnahmesituation einer entsprechenden Berücksichtigung bedürfen. Eine weitere Besserstellung des unkündbaren Arbeitnehmers durch Einhaltung der längsten Kündigungsfrist würde den Interessen des kündigenden Arbeitgebers in dieser Ausnahmesituation entgegen laufen. Die außerordentliche Kündigung bildet gerade eine Korrektur der, durch die Unkündbarkeit entstandenen nicht mehr tragbaren Bindung des Arbeitgebers, in der Ausnahmesituation, Zahlung von Gehaltsansprüchen obwohl langfristig ein Einsatz des Mitarbeiters trotz sämtlicher Bemühungen nicht möglich ist. Das Verlangen einer längeren Kündigungsfrist in diesen Ausnahmefällen würde zu einem unangemessenen Missverhältnis führen und gerade die Ausnahmesituation unberücksichtigt lassen. Entsprechend wurde bereits von Herschel[303] in seiner Urteilsanmerkung zum Urteil vom 28.03.1985 des 2. Senates argumentiert.

---

[300] Stahlhacke-Preis, 8. Auflage 2002, RN 822
[301] Stahlhacke-Preis, 8. Auflage 2002, RN 822
[302] Stahlhacke-Preis, 8. Auflage 2002, RN 822
[303] Herschel, Anmerkung zu BAG vom 28.03.1986, AP Nr. 86 zu § 626 BGB

Eine Auslauffrist, auf der Grundlage der ohne die Unkündbarkeit anzuwenden gesetzlichen oder tariflichen Kündigungsfrist, ist sowohl bei betriebsbedingter als auch bei personenbedingter (krankheitsbedingt), ausnahmsweise aufgrund der Unkündbarkeit zulässigen, außerordentlichen Kündigung geboten. Bei der Beendigung des Arbeitsverhältnisses aus verhaltensbedingten Gründen kommt die Einhaltung einer Auslauffrist hingegen nicht in Betracht.[304] Bei der verhaltensbedingten außerordentlichen Kündigung ist es nicht erforderlich den unkündbaren Arbeitnehmer im Verhältnis zum kündbaren Arbeitnehmer besser zu stellen. Nach Hillebrecht[305] soll das Erfordernis der Einhaltung einer Auslauffrist generell dort verneint werden, wo bei einer Kündigung die Gründe in der Sphäre des Arbeitnehmers liegen. Diese sehr weitgehende Auffassung wird von Hillebrecht nur dort eingeschränkt, wo die außerordentliche Beendigung des Arbeitsverhältnisses ausnahmsweise wegen unverschuldeter Dienstunfähigkeit zulässig ist.

Würde bei der außerordentlichen befristeten Kündigung der Unkündbaren die Einhaltung der Frist keine Kündigungsvoraussetzung sein, so würde die unkündbaren Arbeitnehmer im Verhältnis zum kündbaren Arbeitnehmer schlechter gestellt werden, da diese in den entscheidenden Fällen, z. B. Betriebsschließung, nicht außerordentlich sondern nur ordentlich, also unter Einhaltung der Frist, gekündigt werden können. Eine Schlechterstellung würde jedoch gerade dem Ausschluss der ordentlichen Kündigung widersprechen. Sinn und Zweck des Ausschlusses der ordentlichen Kündigung führt daher zur Notwendigkeit der Einhaltung der ordentlichen Kündigungsfrist.[306]

Im Gegensatz zu dieser von der Rechtsprechung und wohl auch dem überwiegenden Teil der Literatur vertretenen Auffassung wird nach einer Ansicht im Schrifttum[307] vertreten, dass die überschießende gesetzliche Regelung durch Befristung zu korrigieren ist und zwar in den Fällen, in denen das Abwarten der gesetzlichen oder tarifvertraglichen Kündigungsfrist zwar zumutbar sein dürfte, nicht jedoch das Abwarten der langen Frist bei unkündbaren Arbeitnehmern. Nach dieser Auffassung soll dem zu Kündigenden mit der Kündigungserklärung die gesetzliche Normalfrist als Auslauffrist angeboten werden. Der Gekündigte soll dann die Wahl haben, ob er sich auf das Angebot einlässt oder auf eine sofortige Beendigung des Arbeitsverhältnisses besteht.

---

304 Popp, HAS § 19 B, RN 239
305 KR(4. Auflage)-Hillebrecht § 626 BGB RN 207
306 Schwerdtner, FS-Kissel, Seite 1087
307 Zöllner/Loritz Arbeitsrecht § 22 III 6, Seite 289

C. Weiterbeschäftigungsmöglichkeit im Unternehmen

An die Zumutbarkeit der Weiterbeschäftigung des ordentlich unkündbaren Arbeitnehmers wird durch das BAG verschärfte Anforderungen gestellt.[308] So werden eine entsprechende Umorganisation, das Freimachen durch Ausübung des Direktionsrechts gleichwertiger Arbeitsplätze oder die Möglichkeit zu entsprechenden Schulungsmaßnahmen gefordert. Ein Einarbeitung in ein völlig neues Sachgebiet kann nach Auffassung des BAG für den Arbeitgeber grundsätzlich zumutbar sein. Abgelehnt, da für den Arbeitgeber unzumutbar, wurde eine solche Einarbeitung durch das BAG jedoch in dem Fall, wo die Mitarbeiterin noch nicht wusste, wann sie aus dem Erwerbsleben ausscheiden wird und von daher eine lange Einarbeitung für eine sich daran möglicherweise anschließende nur kurze Erwerbstätigkeit erforderlich gewesen wäre.[309]

D. Die Sozialauswahl

Bei der betriebsbedingten Kündigung hat der Arbeitgeber grundsätzlich eine Sozialauswahl gem. § 1 Abs. 3 KSchG durchzuführen. Nach der wohl h. M. in der Literatur[310] sind jedoch ordentlich unkündbare Arbeitnehmer grundsätzlich nicht in die Sozialauswahl einzubeziehen, da sie aufgrund ihrer Unkündbarkeit nicht zum relevanten Personenkreis gehören.

---

308 BAG vom 05.02.1998, AP Nr. 143 zu § 626 BGB; BAG vom 17.09.1998, AP Nr. 148 zu § 626 BGB

309 BAG vom 05.02.1998, AP Nr. 143 zu § 626 BGB

310 Schwerdtner, FS-Kissel, Seite 1093; MünchKomm-Schwerdtner § 622 Anh. RN 394; ErfKomm-Ascheid § 1 KSchG RN 471; Conze, ZTR 1987, 99, 106; HK-KSchG-Dorndorf § 1 KSchG RN 1055; KR(7. Auflage)-Etzel § 1 KSchG RN 665; Färber, NZA 1985, 179; Gift, RdA 1969, 72 (77); Jobs, DB 1986, 538 (539); Preis, HAS § 19 F, RN 180; Stahlhacke-Preis, 8. Auflage 2002, RN 1074; Wendeling-Schröder, FS-Kehrmann, Seite 323 f.

Siebentes Kapitel: Die außerordentliche Beendigung des Arbeitsverhältnisses trotz Unkündbarkeitsregeln und die daraus resultierenden besonderen und allgemeinen Problemfelder

Mit der Beendigung des unkündbaren Arbeitsverhältnisses durch eine außerordentliche Kündigung mit erforderlicher Auslauffrist gehen verschiedenartige besondere Problemfelder einher.

A. Gleichstellung/Gleichsetzung der außerordentlichen Kündigung tarifvertraglich unkündbarer Arbeitnehmer mit einer Kündigung aus minder wichtigem Grund i. S. d. § 626 Abs. 1 BGB

Von der überwiegenden Auffassung in der Literatur[311] aber auch von der Rechtsprechung[312] wird die Anerkennung eines minder wichtigen Grundes i. S. d. § 626 Abs. 1 BGB abgelehnt. Gleichzeitig erkennt die Rechtsprechung in Ausnahmefällen eine außerordentliche Kündigung eines ordentlich unkündbaren Arbeitnehmers an.[313] Durch diese Anerkennung der außerordentlichen Kündigung im Bereich der Unkündbarkeit durch die Rechtsprechung drängt sich die Frage auf, ob nicht durch die ausnahmsweise Zulassung der außerordentlichen Kündigung, die an sich abgelehnte außerordentliche Kündigung aus minder wichtigem Grunde i. S. d. § 626 Abs. 1 BGB durch die Hintertür eingeführt und damit letztendlich bejaht wird. Bröhl[314] weist in diesem Zusammenhang darauf hin, dass die Ablehnung des minder wichtigen Grundes die Praxis nicht daran hindert, im Ergebnis eine außerordentliche Kündigung nach § 626 BGB bei tariflich unkündbaren Arbeitnehmern wegen eines Grundes zuzulassen, der bei tariflich kündbaren Arbeitnehmern keine außerordentliche Kündigung rechtfertigen würde.

Bei genauer Betrachtung handelt es sich bei der Anerkennung der außerordentlichen Kündigung durch die Rechtsprechung nicht um die Einführung des an sich abgelehnten minder wichtigen Grund, sondern um einen anderen wichtigen Grund, der an besondere Voraussetzungen gebunden ist, die sogar über den wichtigen Grund des § 626 Abs. 1 BGB hinausgehen, also nicht minder wichtig,

---

311 MünchKomm-Schwerdtner § 626 BGB RN 59; Stahlhacke-Preis, 8. Auflage 2002, RN 617; Conze, ZTR 1987, 101; KR(7. Auflage)-Fischermeier § 626 BGB RN 306

312 BAG vom 04.06.1964, AP Nr. 3 zu § 133b GewO = NJW 1964, 1739; LAG Hamm vom 22.01.1987, LAGE § 626 BGB Unkündbarkeit Nr. 1

313 BAG vom 05.02.1998, AP Nr. 143 zu § 626 BGB

314 Bröhl, FS-Schaub, Seite 56

sondern mehr besonders wichtig sind. Letztendlich wird durch die Anerkennung der außerordentliche Kündigung nach § 626 BGB bei tariflich unkündbaren Arbeitnehmern, der fast einhelligen Auffassung in der Literatur[315] und Rechtsprechung[316] Rechnung getragen, dass nur die ordentliche Kündigung, nicht jedoch die außerordentliche Kündigung abgedungen werden kann. Würde man die außerordentliche Kündigung in eng umgrenzten Ausnahmefällen nicht anerkennen, würde man praktisch auch einen Ausschluss der außerordentlichen Kündigung bejahen. Der Ausschluss der außerordentlichen Kündigung ist, nach fast einhelliger Auffassung, gerade deswegen nicht möglich, weil man es keiner der Vertragsparteien zumuten kann, an einem unzumutbaren Arbeitsverhältnis festzuhalten. Das von der Rechtsprechung anerkannte sinnentleerte Arbeitsverhältnis stellt jedoch gerade ein solches unzumutbares Arbeitsverhältnis dar (z. B. Heizer auf der E-Lok).[317] Daher muss in der Konsequenz die außerordentliche Kündigung in diesen extremen Ausnahmefällen zugelassen werden.

Bei genauer Betrachtung der Rechtsprechung wird auch gerade dieses extreme Ausnahmeverhältnis, das unzumutbare sinnentleerte Arbeitsverhältnis deutlich. Durch die Rechtsprechung[318] werden auch besonders hohe Anforderungen an die außerordentliche Kündigung bei Unkündbarkeit des Arbeitsverhältnisses genannt. So bildet eine Voraussetzung des wichtigen Grundes des § 626 BGB die Tatsache, dass über einen langen Zeitraum Lohnzahlungen erfolgen müssten, jedoch keine Gegenleistungen zu erwarten sind. Die Prüfung einer vorrangigen Weiterbeschäftigung im Unternehmen, durch Umorganisation, das Freimachen eines Arbeitsplatzes oder Schulungsmaßnahmen des betroffenen unkündbaren Arbeitnehmers um ihm einen anderen Arbeitsplatz zu ermöglichen, gehören ebenfalls zum wichtigen Grund des § 626 BGB. Da es sich hierbei um die Voraussetzungen des wichtigen Grundes handelt, sind diese Voraussetzungen auch

---

[315] MünchKomm-Schwerdtner § 626 BGB RN 65; Staudinger(13. Auflage)-Preis § 626 BGB RN 38; Staudinger(12. Auflage)-Neumann § 626 BGB RN 12; Preis/Hamacher, FS-Arbeitsgerichtsbarkeit Rheinland-Pfalz ,Seite 255; HK-KSchG-Dorndorf § 13 KSchG RN 10; APS-Dörner § 626 BGB RN 7; Löwisch, DB 1998, 880; ErfKomm-Müller-Glöge § 626 BGB RN 234; Schleusener, SAE 1998, 219; Zöllner/Loritz Arbeitsrecht § 22 Anm. III 5, Seite 287; Hueck/Nipperdey, Lehrbuch des Arbeitsrechts, Band 1, § 59 VII, Seite 595

[316] BAG vom 06.11.1956, AP Nr. 14 zu § 626 BGB; BAG vom 08.08.1963, AP Nr. 2 zu § 626 BGB Kündigungserschwerung; BAG vom 19.12.1974, AP Nr. 3 zu § 620 BGB Bedingung

[317] "Heizer auf der E-Lok" - Modelfall des BAG für den Begriff des sinnentleerten Arbeitsverhältnisses - BAG vom 19.06.1984, AP Nr. 3 zu § 1 TVG Verhandlungspflicht; BAG vom 05.12.1998, AP Nr. 143 zu § 626 BGB; BAG vom 13.06.2002, AP Nr. 97 zu § 615 BGB; BAG vom 08.04.2003, AP Nr. 181 zu § 626 BGB

[318] BAG vom 05.02.1998, AP Nr. 143 zu § 626 BGB; BAG vom 17.09.1998, AP Nr. 148 zu § 626 BGB

durch den Arbeitgeber im Prozess darzulegen und gegebenenfalls zu beweisen.[319] Der Arbeitgeber darf dabei nicht zunächst lediglich behaupten, dass eine vorrangige Weiterbeschäftigung im Unternehmen ausscheidet und ein bestreiten des unkündbaren Arbeitnehmers abwarten, sondern er muss im Gegensatz zur ordentlichen Kündigung eines kündbaren Arbeitnehmers sofort die fehlende vorrangige Weiterbeschäftigungsmöglichkeit darlegen und beweisen. Kommt er dieser Darlegungslast innerhalb des wichtigen Grundes nicht nach, läuft er Gefahr auf der Grundlage der Rechtsprechung des BAG den Kündigungsschutzprozess zu verlieren.

Um den unkündbaren Mitarbeiter im Gegensatz zum kündbaren Arbeitnehmer nicht zu benachteiligen finden bei der Betriebsratsanhörung die Regeln der ordentlichen Kündigung Anwendung, insbesondere kommt § 102 Abs. 3-5 BetrVG zum Tragen.[320] Auf der anderen Seite unterliegt diese Kündigung dennoch der Ausschlussfrist des § 626 BGB.

Damit handelt es sich hier nicht um eine außerordentliche Kündigung aus minder wichtigem Grund, sondern um einen (besonders) wichtigen Grund, der die grundlegende Voraussetzung der außerordentlichen Kündigung erfüllt, dass die außerordentliche Kündigung nicht abgedungen werden kann, wenn es einer der Vertragsparteien unzumutbar ist, das Vertragsverhältnis weiterzuführen.

Bei genauer Betrachtung gibt es zwei Spielarten der Vertragsbeendigung im Rahmen der außerordentlichen Kündigung. Die Kündigung aus wichtigem Grund wegen Zerstörung des Vertrauensverhältnisses und die außerordentliche Kündigung wegen Zerstörung des Äquivalenzverhältnisses, die nicht auf einem minder wichtigen Grund, sondern auf einen mehr (besonders) wichtigen Grund oder auch auf einem anders gelagerten wichtigen Grund beruht.[321]

Die Kündigung wegen Zerstörung des Vertrauensverhältnisses orientiert sich an der notwendigen sofortigen Beendigung des Vertragsverhältnisses. Die Kündigung wegen Zerstörung des Äquivalenzverhältnisses wird bestimmt durch die eingetretene Undurchführbarkeit des Leistungsaustausches.[322] Dieser Unterschied rechtfertigt, erfordert sogar, eine unterschiedliche Vorgehensweise bezüglich der Verschaffung einer möglichen Weiterbeschäftigung des zu kündigenden Arbeitnehmers durch den kündigenden Arbeitgeber, einer anzuwendenden Auslauffrist und der Betriebsratsanhörung.

---

319 BAG vom 08.04.2003 - 2 AZR 355/02, EzA § 626 BGB 2002 Unkündbarkeit Nr. 2
320 BAG vom 05.02.1998, AP Nr. 143 zu § 626 BGB
321 Wiedemann, Tarifvertragsgesetz, § 1 RN 539
322 Wiedemann, Tarifvertragsgesetz, § 1 RN 539

B. Die Addition von verschiedenen Kündigungsgründen bei der Kündigung von ordentlich unkündbaren Arbeitnehmern

I. Doppeltatbestand

Im Bereich der ordentlichen Kündigung kann oftmals eine Addition von mehreren Kündigungssachverhalten, und damit mehreren Kündigungsgründen, den Arbeitgeber zum Ausspruch einer Kündigung veranlassen, wobei der einzelne Sachverhalt eine ordentliche bzw. gar außerordentliche Kündigung nicht gerechtfertigt hätte.

Beim vorliegen derartiger verschiedener Kündigungssachverhalte ist zunächst zu prüfen, ob jeder einzelne Kündigungssachverhalt für sich eine Kündigung sozial rechtfertigen würde.[323] Führt diese isolierte Betrachtungsweise nicht zur sozialen Rechtfertigung der einzelnen Kündigungsgründe, so ist im Wege einer einheitlichen Betrachtungsweise festzustellen, ob die einzelnen Kündigungsgründe in ihrer Gesamtheit eine Kündigung rechtfertigen könne. Mit Urteil vom 10.12.1992 stellt das BAG[324] dabei jedoch fest, dass in die Gesamtbetrachtung nur gleichartige Kündigungsgründe, z. B. mehrere verhaltensbedingte Gründe, einbezogen werden können.

V. Hoyningen-Huene[325] hingegen will zwischen Gründen in der Sphäre des Arbeitnehmers und Gründen, die in der Sphäre des Arbeitgebers liegen unterscheiden. Für die Feststellung der Unzumutbarkeit der Weiterbeschäftigung des Arbeitnehmers kommen nach dieser Auffassung bei der gesamtheitlichen Betrachtungsweise Gründe aus der Sphäre des Arbeitnehmers in Betracht, also Gründe in seiner Person oder in seinem Verhalten, jedoch keine Gründe, die auf einer unternehmerischen Entscheidung basieren. Gründe, die aus der Sphäre des Arbeitgebers kommen, können gemeinsam betrachtet werden, wenn bei Zusammenfassung der Gründe ausschließlich Gründe aus der Sphäre des Arbeitgebers Berücksichtigung finden. Eine Addition der Kündigungsgründe ist gerechtfertigt, wenn die Gründe aus der selben Sphäre herrühren.[326]

---

323 BAG vom 10.12.1992, AP Nr. 41 zu Art 140 GG (III 3 c aa); v. Hoyningen-Huene/Linck, KSchG § 1 RN 167; Kittner/Däubler/Zwanziger-Kittner, KSchR, § 1 KSchG RN 59; KR(7. Auflage)-Etzel § 1 KSchG RN 259

324 BAG vom 10.12.1992, AP Nr. 41 zu Art 140 GG (III 3 c aa)

325 v. Hoyningen-Huene/Linck, KSchG § 1 RN 170 ff.

326 v. Hoyningen-Huene/Linck, KSchG § 1 RN 170

II. Mischtatbestand

Davon zu unterscheiden ist der Mischtatbestand, bei dem nicht mehrere Kündigungssachverhalte, sondern der Kündigung ein Sachverhalt zugrunde liegt, der mehrere zur Kündigung berechtigte Bereiche, der in § 1 Abs. 2 Satz 1 KSchG geregelten Gründe, berührt. Mit Urteil vom 06.11.1997 stellt das BAG[327] fest, dass entscheidend für die soziale Rechtfertigung der Kündigung ist, aus welchem der im Gesetz genannten Bereiche die Störung des Arbeitsverhältnisses primär stamme. Es ist also nach der Rechtsprechung des BAG die primäre Störquelle zu ermitteln und zu prüfen.

C. Die außerordentliche Kündigung eines unkündbaren Arbeitnehmers und weiterer Sonderkündigungsschutz

Vereinzelt kann der besondere Kündigungsschutz auf verschiedenen Tatbeständen basieren. Neben der tarifvertraglichen Unkündbarkeit kann auch noch ein Schutz aufgrund einer Schwerbehinderung vorliegen und gleichzeitig eine Mitgliedschaft im Betriebsrat bestehen. Bei der Prüfung des Kündigungsgrundes ist dabei jedoch jeder einzelne Sonderschutz zu berücksichtigen. Mag die Kündigung trotz der tariflichen Unkündbarkeit gerechtfertigt sein, so ist sie insgesamt dennoch als ungerechtfertigt einzustufen, wenn beispielsweise eine Rechtfertigung aufgrund der Betriebsratszugehörigkeit nicht möglich ist. Jeder Sonderkündigungsschutz steht für sich allein und vermag eine Kündigung als sozial ungerechtfertigt erscheinen zu lassen.

D. Die außerordentliche Änderungskündigung bei ordentlich unkündbaren Arbeitnehmern

Die Änderungskündigung kann die Beendigung des gesamten Arbeitsverhältnisses bewirken und ist daher eine echte Kündigung.[328] Die Änderungskündigung unterliegt daher auch den für die Beendigungskündigung allgemeinen Kündigungsbeschränkungen und den Sonderkündigungsschutzbeschränkungen. Der besondere Kündigungsschutz der unkündbaren Arbeitnehmer findet auch bei der Änderungskündigung seine Anwendung. Die ordentliche Änderungskündigung

---

327 BAG vom 06.11.1997, AP Nr. 42 zu § 1 KSchG 1969 (II 2)

328 Schwerdtner, FS-25 Jahre BAG, Seite 556; KR(7. Auflage)-Rost § 2 KSchG RN 9; v. Hoyningen-Huene/Linck, KSchG § 2 RN 5

ist daher bei ordentlich unkündbaren Arbeitnehmern ebenso ausgeschlossen, wie die ordentliche Beendigungskündigung. Es kommt daher allenfalls eine außerordentliche Änderungskündigung eines an sich unkündbaren Arbeitnehmers in Betracht.[329]

§ 2 KSchG, der die Änderungskündigung gesetzlich regelt, findet seine unmittelbare Anwendung nur bei der ordentlichen Änderungskündigung. Die h. M. weist jedoch darauf hin, dass § 2 KSchG entsprechend auch auf die außerordentliche Änderungskündigung anzuwenden ist.[330]

Ein wichtiger Grund für die außerordentliche Änderungskündigung liegt vor, wenn für den Arbeitgeber die Fortsetzung des Arbeitsverhältnisses zu den bisherigen Bedingungen unzumutbar ist und dem Arbeitnehmer die geänderten Arbeitsbedingungen zumutbar sind.[331] Die Ausschlussfrist des § 626 Abs. 2 BGB ist auch bei der außerordentlichen Änderungskündigung zu beachten.[332]

Im Bereich der gesetzlichen Unkündbarkeit hat die Rechtsprechung[333] sehr weitgehend einen wichtigen Grund zur außerordentlichen Änderungskündigung aus betrieblichen Gründen anerkannt. Die Entscheidung des Arbeitgebers, die Positionen der Aufsicht in sämtlichen Niederlassungen ersatzlos abzuschaffen und die betroffenen Mitarbeiter in den Verkauf zu versetzen, wertete die Rechtsprechung als organisatorische Maßnahme mit entsprechendem (fristlosen) außerordentlichem Kündigungsinteresse. Diese unternehmerische Entscheidung sei im Hinblick auf Art. 2, 12, 14 GG nicht überprüfbar. Da die Herausnahme einzelner Mitarbeiter dem unternehmerischen Konzept entgegenliefe, führte das Gericht aus, müsse auch der gem. § 15 KSchG ordentlich unkündbare Arbeitnehmer eine Kündigung hinnehmen, ein wichtiger Grund i. S. d. § 626 BGB sei zu bejahen.

Ein wichtiger Grund zur außerordentlichen Änderungskündigung wurde von der Rechtsprechung auch bejaht, wenn aus betrieblichen Gründen die Arbeitsbedingungen eines Mitgliedes des Betriebsrates an die übrigen Arbeitnehmer der Gruppe, in der das Betriebsratsmitglied tätig ist, angeglichen werden müssen.[334]

---

329 Stahlhacke-Preis, 8. Auflage 2002, RN 590

330 Schwerdtner, FS-25 Jahre BAG, Seite 558; ErfKomm-Ascheid § 2 KSchG RN 6; v. Hoyningen-Huene/Linck, KSchG § 2 RN 6

331 Stahlhacke-Preis, 8. Auflage 2002, RN 590; KR(7. Auflage)-Fischermeier § 626 BGB RN 201; BAG vom 06.03.1986, AP Nr. 19 zu § 15 KSchG 1969; BAG vom 21.06.1995, AP Nr. 36 zu § 15 KSchG 1969

332 Stahlhacke-Preis, 8. Auflage 2002, RN 594; BAG vom 25.03.1976, AP Nr. 10 zu § 626 BGB Ausschlussfrist

333 BAG vom 21.06.1995, AP Nr. 36 zu § 15 KSchG 1969

334 BAG vom 06.03.1986, AP Nr. 19 zu § 15 KSchG 1969

Eine außerordentliche Änderungskündigung ist im Bereich der ordentlich unkündbaren Arbeitnehmer dort denkbar, wo der bisherige Arbeitsplatz weggefallen ist, jedoch ein anderer freier Arbeitsplatz zur Verfügung steht.

Eine außerordentliche Änderungskündigung als Druckkündigung, wegen mangelnder Fähigkeit zur Menschenführung, wurde von der Rechtsprechung ebenfalls gesehen.[335] Während die vorherige Anhörung des Arbeitnehmers keine Wirksamkeitsvoraussetzung für die Druckkündigung darstellt,[336] hat sich der Arbeitgeber aus seiner arbeitsvertraglichen Fürsorgepflicht schützend vor den Mitarbeiter zu stellen, andernfalls ist die Druckkündigung als unwirksam einzustufen.[337] Darüber hinaus wird für die Druckkündigung vorausgesetzt, dass dem Arbeitgeber schwerste wirtschaftliche Schäden drohen[338] und die Kündigung das einzige Mittel zur Schadensabwendung bildet. Der Arbeitgeber kann sich jedoch in keinem Fall auf eine Drucksituation berufen, die er in vorwerfbarer Weise selbst hervorgerufen hat.[339] Ob eine außerordentliche oder ordentliche Druckkündigung in Betracht kommt, lässt sich abstrakt nicht feststellen, entscheidend ist die Drucksituation. In der Regel wird nur eine ordentliche Kündigung in Betracht kommen, insbesondere wenn sich der Dritte oder die Belegschaft mit einer ordentlichen Kündigung begnügt. In Ausnahmesituationen kann aber auch eine außerordentliche Druckkündigung gerechtfertigt sein.[340]

E. Umdeutung einer rechtsunwirksamen Kündigung eines unkündbaren Arbeitnehmers

In Ausnahmefällen wäre es denkbar, eine rechtsunwirksame außerordentliche Kündigung in einen Antrag auf Abschluss eines Aufhebungsvertrages umzudeuten. Bei der arbeitgeberseitigen Kündigung wäre dabei sicherlich nicht entscheidend der Wille des Arbeitgebers, sondern ob der Kündigungsgegner damit einverstanden gewesen wäre.[341] Im Bereich der unkündbaren Arbeitnehmer musste man hier nur mit äußerster Zurückhaltung vorgehen. In der Regel wollte der unkündbare Mitarbeiter seine durch Sonderkündigungsschutz geschützte Position nur schwer aufgeben. Sicherlich ist eine Aufgabe einer solchen Position nur

335 BAG vom 31.01.1996, NZA 1996, 581
336 BAG vom 04.10.1990, AP Nr. 12 zu § 626 BGB Druckkündigung
337 BAG vom 11.02.1960, AP Nr. 3 zu § 626 BGB Druckkündigung; BAG vom 10.09.1977, AP Nr. 9 zu § 103 BetrVG 1972
338 BAG vom 04.10.1990, AP Nr. 12 zu § 626 BGB Druckkündigung
339 BAG vom 26.01.1962, AP Nr. 8 zu § 626 BGB Druckkündigung
340 MünchKomm-Schwerdtner § 626 BGB RN 179
341 MünchKomm-Schwerdtner vor § 620 BGB RN 127

denkbar gewesen, wenn eine entsprechende Gegenleistung durch den Kündigenden erbracht wird. Seit dem 01.05.2000 spielt eine Umdeutung einer unwirksamen Kündigung in ein Vertragsangebot zur sofortigen einvernehmlichen Beendigung eine nur untergeordnete Rolle, da der Aufhebungsvertrag bei Arbeitsverhältnissen mit der Einführung des § 623 BGB der Schriftform bedarf.[342]

Auch die Umdeutung der rechtsunwirksamen außerordentlichen Kündigung in eine ordentliche Kündigung scheidet bei ordentlich unkündbaren Arbeitnehmern aus, da sie ja gerade ordentlich nicht kündbar sind.

Lediglich im Bereich des gesetzlichen Sonderkündigungsschutzes von schwerbehinderten Menschen ist daran zu denken. Es ist jedoch zu berücksichtigen, dass das Integrationsamt sowohl zur außerordentlichen als auch zur ordentlichen Kündigung angehört werden und die Zustimmung des Intergrationsamtes vorliegen muss (vgl. §§ 85, 91 SGB IX).

F. Anhörung des ordentlich unkündbaren Arbeitnehmers vor Ausspruch einer außerordentlichen Kündigung

Das Bundesarbeitsgericht hat im Rahmen der Verdachtskündigung eine Pflicht des Arbeitgebers entwickelt, dass dieser den Arbeitnehmer vor Ausspruch der Verdachtskündigung anzuhören habe.[343] Die Zustimmung bildet dabei eine Wirksamkeitsvoraussetzung für die Kündigung.[344] Die Verdachtskündigung basiert gerade auf der Problematik, dass eine Kündigung lediglich aufgrund eines unbewiesenen Verdachtes - wohl meist einer strafbaren Handlung, wie z. B. ein Diebstahl - ausgesprochen wird.[345] Diesem unbewiesenen Verdacht soll durch die Anhörungspflicht vor Ausspruch Rechnung getragen werden. Der Arbeitnehmer hat so die Möglichkeit den Verdacht aus der Welt zu räumen oder zumindest zu entschärfen. Da die Kündigung lediglich auf dem Verdacht einer Straftat beruht, sieht das Bundesarbeitsgericht hier eine besondere Schutzpflicht dem Arbeitnehmer gegenüber. Davon ist zu unterscheiden, wenn der Arbeitgeber wegen einer für ihn erwiesenen Straftat oder Vertragsverletzung kündigt.

[342] KR(7. Auflage)-Spilger § 623 BGB RN 146

[343] BAG vom 11.04.1985, AP Nr. 39 zu § 102 BetrVG 1972; BAG vom 30.04.1987, AP Nr. 19 zu § 626 BGB Verdacht strafbarer Handlungen

[344] MünchKomm-Schwerdtner § 626 BGB RN 171

[345] BAG vom 26.09.2002 - 2 AZR 424/01, AP Nr. 37 zu § 626 BGB Verdacht strafbarer Handlung

Das BAG erblickt in beiden Sachverhalten unterschiedliche Kündigungssachverhalte.[346]

Diesen Grundsatz könnte man nun auch auf den unkündbaren Arbeitnehmer übertragen, mit der Folge, dass auch dieser vor Ausspruch einer nur bedingt zulässigen außerordentlichen Kündigung anzuhören sei. Von der Rechtsprechung wird jedoch ein grundsätzliches Erfordernis einer Anhörung des Arbeitnehmers vor Ausspruch einer außerordentlichen Kündigung nicht anerkannt.[347] Die Anhörungspflicht soll sich vielmehr nach den Umständen des Einzelfalles richten und nur in Ausnahmefällen geboten sein.

Vergleicht man nun das Erfordernis der Anhörungspflicht bei einer Verdachtskündigung zur außerordentlichen Kündigung eines unkündbaren Arbeitnehmers, so lässt sich festhalten, das der primäre Gedanke, der Aufklärungspflicht des Arbeitgebers im Rahmen der Verdachtskündigung, bei der außerordentlichen Kündigung des unkündbaren Arbeitnehmers nicht anzutreffen ist. Die Voraussetzungen der im Ausnahmefall zulässigen außerordentlichen Kündigung liegen nicht unbewiesen vor, sondern sind dem Beweis zugängliche Tatsachen, die der Mitarbeiter auch nicht im Rahmen einer Anhörung entkräften oder entschärfen kann. Davon abgesehen trägt der Arbeitgeber bei Ausspruch einer außerordentlichen Kündigung gegenüber einem unkündbaren Mitarbeiter ein hohes Prozessrisiko, da er spätestens im Prozess die Kündigungsgründe darlegen und beweisen muss. Eine vorherige Anhörungspflicht vor Ausspruch einer Kündigung erübrigt sich damit. Dabei ist jedoch nicht zu unterschätzen, dass eine vorherige Anhörung durchaus sachdienlich sein kann, z. B. bei Ausspruch der nur im äußerst begrenzten Umfang zulässigen krankheitsbedingten Kündigung des unkündbaren Arbeitnehmers um deren Krankheitsprognose zu erfahren, oder bei einer betriebsbedingten außerordentlichen Kündigung des Unkündbaren um die Erwartungen und Einschätzungen des unkündbaren Mitarbeiters zu erfahren, auf welchem Arbeitsplatz er einen Ersatz noch für möglich hält. Dadurch ist gegebenenfalls das Prozessrisiko besser einzuschätzen, da oftmals unbeabsichtigt nicht sämtliche Möglichkeiten durch den kündigenden Arbeitgeber bedacht werden können.

---

346 siehe dazu: BAG vom 26.03.1992, AP Nr. 23 zu § 626 BGB Verdacht strafbarer Handlung

347 MünchKomm-Schwerdtner § 626 RN 56; BAG vom 23.03.1972, AP Nr. 63 zu § 626 BGB; BAG vom 10.02.1977, AP Nr. 9 zu § 103 BetrVG 1972

G. Voraussetzungen an die Kündigung von unkündbaren Arbeitnehmern im Zugangszeitpunkt

Der Zeitpunkt des Zugangs der Kündigung bildet ein wichtiges Zeitmaß für das Vorliegen von Unkündbarkeitsvoraussetzungen und Voraussetzungen an die Kündigung im Übrigen.

I. Zeitpunkt des Vorliegens der Unkündbarkeitsvoraussetzungen

Die Voraussetzungen der Unkündbarkeit sind nicht erfüllt, wenn sie erst im Laufe der Kündigungsfrist oder gar erst im Zeitpunkt des Kündigungstermins vorliegen.

Der maßgebliche Zeitpunkt für das Vorliegen der Voraussetzungen der Unkündbarkeit ist der Zugang der Kündigungserklärung.[348] Kurz vor Erreichens der Unkündbarkeitsvoraussetzungen kann eine Kündigung rechtswirksam, sofern die anderen Voraussetzungen der Kündigung vorliegen, ohne Beachtung der Hürde der Unkündbarkeit dem zu Kündigenden zugehen und zur gewünschten Rechtsfolge führen. Eine gleiche Regelung findet sich auch bei der gesetzlichen Probezeit, der Wartezeit des § 1 Abs. 1 KSchG.

Lediglich eine Voraussetzung ist dabei zu beachten. Der Ausspruch der Kündigung kurz vor Erreichen der Unkündbarkeit muss unter Einhaltung der geltenden Kündigungsfrist erfolgen. Eine Kündigung, die ohne Einhaltung der tarifvertraglichen nächstmöglichen Kündigungsfrist ausgesprochen wird, entfaltet ihre Rechtskraft nicht.[349] Eine Kündigung die erst zu einem späteren Zeitpunkt wirken soll stellt eine Umgehung der Unkündbarkeitsregeln dar.[350]

Mit Urteil vom 22.11.2000 stellte das BAG[351] fest, dass der rückwirkende Gewerkschaftsbeitritt nicht zum tariflichen Kündigungsschutz führt. Der Kläger erhielt am 27.03.1998 die Kündigung. Am selben Tag, jedoch vor Erhalt der Kündigung, erhielt der Betriebsratsvorsitzende vom Kläger die Beitrittserklärung des Klägers zur IG Metall und leitete diese entsprechend weiter. Im Juli 1998 wurde der Mitgliedsausweis ausgestellt und wies als Beginn der Mitglied-

---

[348] BAG vom 16.10.1987, AP Nr. 2 zu § 53 BAT; Schwerdtner, FS-Kissel, Seite 1078; Kania in Küttner Unkündbarkeit RN 5; Schulte in Tschöpe, ArbeitsR, Teil 3 C, RN 85

[349] BAG vom 16.10.1987, EzA § 626 BGB Unkündbarkeit Nr. 1

[350] BAG vom 16.10.1987 NZA 1988, 877; BAG vom 20.07.1989 ZTR 1990, 23

[351] BAG vom 22.11.2000, AP Nr. 20 zu § 3 TVG Verbandszugehörigkeit

schaft Februar 1998 aus. Nach Auffassung der Rechtsprechung ist für den Beginn der Tarifgebundenheit (§ 3 Abs. 1 TVG) eine Rückwirkung des Beginns der Mitgliedschaft ohne Bedeutung.

II. Zeitpunkt der Entstehung des wichtigen Grundes im Rahmen der außerordentlichen Kündigung von unkündbaren Arbeitnehmern

Der für die außerordentliche Kündigung maßgebliche wichtige Grund muss im Zeitpunkt des Zugangs der Kündigungserklärung vorliegen. Gründe, die erst nach Zugang der Kündigung entstanden sind, können nur eine weitere Kündigung rechtfertigen.[352] Bei der Beurteilung des wichtigen Grundes für die bereits ausgesprochene Kündigung können diese nachträglich entstandenen Gründe keine Berücksichtigung finden zur Rechtfertigung der bereits ausgesprochenen Kündigung. Die nachträglich entstandenen Gründe können allenfalls Bedeutung finden, soweit sie das frühere Verhalten des Gekündigten in einem neuen Licht erscheinen lassen.[353] Entscheidend ist jedoch, dass der die Kündigung tragende wichtige Grund bereits bei Ausspruch der außerordentlichen Kündigung vorlag.[354]

Dabei wird auch in der Literatur die Auffassung[355] vertreten, dass es mit dem aufgezeigten Grundsatz vereinbar sei, wenn diese nachträglichen Gründe ausnahmsweise von Bedeutung sein können, soweit es lediglich um die Aufhellung der früheren Umstände geht. Von Preis[356] wird in diesem Zusammenhang darauf hingewiesen, dass die Gefahr bestehe, das Prinzip der ex-ante-Beurteilung ungerechtfertigt zu durchbrechen.

Umstände, die vor oder bei Abschluss des Vertragsverhältnisses vorliegen und fortwirken, dem Kündigungsberechtigten aber erst während des Vertragsverhältnisses bekannt werden, können zum Gegenstand eine außerordentlichen Kündigung werden und den wichtigen Grund des § 626 BGB bilden.[357] Ent-

---

352 BAG vom 03.05.1956, AP Nr. 9 zu § 626 BGB; Popp, HAS § 19 B, RN 154
353 Popp, HAS § 19 B, RN 155
354 BAG vom 15.12.1955, AP Nr. 1 zu § 67 HGB; KR(7. Auflage)-Fischermeier § 626 BGB RN 176
355 KR(7. Auflage)-Fischermeier § 626 BGB RN 177
356 Staudinger(13. Auflage)-Preis § 626 BGB RN 58
357 KR(7. Auflage)-Fischermeier § 626 BGB RN 175; Popp, HAS § 19 B, RN 151; BAG vom 17.08.1972, AP Nr. 65 zu § 626 BGB mit insoweit ablehnender Anm. Birk

scheidend ist dabei jedoch, dass dem Kündigenden die Gründe, die zur außerordentlichen Kündigung führen sollen, vorher nicht bekannt gewesen sind.[358]

Bedeutung im Rahmen der ordentlich unkündbaren Arbeitnehmer kann dieses bei den befristeten Arbeitsverhältnissen haben. Sofern die ordentliche Kündigung nicht vertraglich vereinbart wurde, kann der befristet Beschäftigte nur außerordentlich gekündigt werden. Gründe, die bereits zuvor vorlagen, dem Kündigenden jedoch nicht bekannt waren, können dann unter Umständen zur außerordentlichen Kündigung des befristet Beschäftigten führen.

III. Nachträglicher Wegfall des wichtigen Grundes nach Ausspruch der außerordentlichen Kündigung des unkündbaren Arbeitnehmers

Der nach Ausspruch der Kündigung nachträgliche Wegfall des wichtigen Grundes, berührt grundsätzlich die Wirksamkeit der ausgesprochenen außerordentlichen Kündigung nicht.[359]

Ein derartiger nachträglicher Wegfall des wichtigen Grundes ist im Bereich der ordentlich unkündbaren Arbeitnehmer z. B. denkbar bei der Kündigung wegen Verdachts einer strafbaren Handlung. Des Weiteren ist der nachträgliche Wegfall des wichtigen Grundes vorstellbar bei der im Bereich der ordentlichen unkündbaren Arbeitnehmern unter strengen Voraussetzungen ausnahmsweise zulässigen betriebsbedingten außerordentlichen Kündigung wegen vollständigem Wegfall jeglicher Beschäftigungsmöglichkeit. Auch bei der unter engen Voraussetzungen möglichen außerordentlichen Kündigung der ordentlich unkündbaren Arbeitsverhältnisse aufgrund von Krankheit kann sich wider Erwarten der Prognoseverlauf der bei Kündigungsausspruch ausreichenden Erkrankung positiv ändern.

Dabei wird in der Literatur die Auffassung[360] vertreten, der maßgebliche Zeitpunkt für die Prognoseentscheidung des Vorliegens des Kündigungsgrundes sei ausschließlich der Zeitpunkt des Kündigungsausspruchs. Die Möglichkeit einer Prognosekorrektur während des Kündigungsschutzprozess würde andernfalls die Kündigungsschutzklage endgültig zum Lotteriespiel werden lassen.

---

358 König, RdA 1969, 16

359 Staudinger(13. Auflage)-Preis § 626 BGB RN 71; ErfKomm-Ascheid § 1 KSchG RN 407; v. Hoyningen-Huene/Linck, KSchG § 1 RN 407

360 Preis, Prinzipien des Kündigungsrechts bei Arbeitsverhältnissen, Seite 339 f.

Nach Auffassung der Rechtsprechung[361] können für die Beurteilung der Rechtmäßigkeit einer Verdachtskündigung später, nach Zugang der Kündigungserklärung, bekannt gewordene be- oder entlastende Umstände Berücksichtigung finden. Diese Auffassung wird in der Literatur weitgehend abgelehnt.[362] Nach dieser Auffassung kommt es nur darauf an, ob im Zeitpunkt der Kündigungserklärung nach den allgemeinen Grundsätzen objektive Tatsachen zur Rechtfertigung der Verdachtskündigung vorlegen haben. Tatsachen, die zu einem späteren Zeitpunkt die Verdachtskündigung entkräften, ändern nichts daran, dass zum Zeitpunkt der Kündigung aufgrund des Verdachtes kein Vertrauen mehr in den Arbeitnehmer gesetzt wurde. Einigkeit zwischen Rechtsprechung und Literatur besteht jedoch insoweit, als sich nach Ablauf des Kündigungsschutzprozesses die Unschuld des Arbeitnehmers erweist, hier kann nach herrschender Meinung[363] dem Arbeitnehmer ein Wiedereinstellungsanspruch zustehen.

Auch im Bereich der betriebsbedingten Kündigung, wird die Kündigung nicht nachträglich unwirksam, wenn die im Zeitpunkt der Kündigung vorgelegenen betriebsbedingten Gründe sich unerwarteter Weise zum Positiven ändern und sich z. B. die Auftragslage entscheidend verbessert.[364] Unter Umständen kann hier dem gekündigten Arbeitnehmer jedoch ein Wiedereinstellungsanspruch zustehen.[365]

---

[361] BAG vom 14.09.1994, EzA § 626 BGB Verdacht strafbarer Handlung Nr. 5; BAG vom 04.06.1964, AP Nr. 13 zu § 626 BGB Verdacht strafbarer Handlung; zustimmend: KR(7. Auflage)-Fischermeier § 626 BGB RN 233

[362] v. Hoyningen-Huene/Linck, KSchG § 1 RN 266; Staudinger(13. Auflage)-Preis § 626 BGB RN 71

[363] BAG vom 13.07.1956, AP Nr. 2 zu § 611 BGB Fürsorgepflicht; BAG vom 14.12.1956, AP Nr. 3 zu § 611 BGB Fürsorgepflicht; BAG vom 04.06.1964, AP Nr. 13 zu § 626 BGB Verdacht strafbarer Handlung; KR(7. Auflage)-Fischermeier § 626 BGB RN 234; Heilmann, Verdachtskündigung und Wiedereinstellung, 1964, Seite 78 ff., 95 ff.; Stein, RdA 1991, 90; Preis, Prinzipien des Kündigungsrechts bei Arbeitsverhältnissen, Seite 349 ff.

[364] v. Hoyningen-Huene/Linck, KSchG § 1 RN 407; Stahlhacke-Preis, 8. Auflage 2002, RN 1026; ErfKomm-Ascheid § 1 KSchG RN 407; BAG vom 27.02.1997 - 2 AZR 160/96, EzA § 1 KSchG Wiedereinstellungsanspruch Nr. 1; BAG vom 04.12.1997 - 2 AZR 140/97, EzA § KSchG Wiedereinstellungsanspruch Nr. 3; BAG vom 28.06.2000 - 7 AZR 904/98, EzA § 1 KSchG Wiedereinstellungsanspruch Nr. 5

[365] BAG vom 27.02.1997, AP Nr. 1 zu § 1 KSchG 1969 Wiedereinstellung; v. Hoyningen-Huene/Linck, KSchG § 1 RN 407; Stahlhacke-Preis, 8. Auflage 2002, RN 1026

IV. Das Nachschieben von Kündigungsgründen bei der außerordentlichen Kündigung des unkündbaren Arbeitnehmers und § 626 Abs. 2 BGB

Ein Nachschieben von Kündigungsgründen ist auch im Bereich der außerordentlichen Kündigung grundsätzlich möglich. Voraussetzung ist dabei jedoch zunächst, dass die Kündigungsgründe vor der Ausübung des Gestaltungsrechtes entstanden sind.[366] Gründe die erst danach entstanden sind können allenfalls eine neue Kündigung rechtfertigen.[367] Ausgangspunkt ist dabei die Tatsache, dass es sich bei der Kündigung um eine empfangsbedürftige Willenserklärung handelt, deren maßgeblicher Zeitpunkt die Verhältnisse im Zeitpunkt des Kündigungszugang ist.[368]

Des Weiteren ist der Betriebsrat bezüglich der nachzuschiebenden Kündigungsgründe zumindest nachträglich gem. § 102 Abs. 1 BetrVG anzuhören.[369] Dabei ist zu beachten, dass nachgeschobene Gründe keine Berücksichtigung im Prozess finden, wenn sie dem Arbeitgeber vor Ausspruch der Kündigung bekannt waren, aber dem Betriebsrat nicht mitgeteilt wurden. Bei diesen Gründen liegt eine Verletzung der Mitteilungspflicht gegenüber dem Betriebsrat gem. § 102 BetrVG vor.[370] Es kommen also nur Gründe in Betracht, die dem Arbeitgeber vor Ausspruch der Kündigung noch nicht bekannt gewesen sind.

Die Zulässigkeit des Nachschiebens von Kündigungsgründen wird in Rechtsprechung[371] und Literatur[372] überwiegend verneint, wenn dem Kündigenden im Zeitpunkt der Kündigung die Kündigungsgründe länger als zwei Wochen gem. § 626 Abs. 2 BGB bekannt waren und sie nicht mit den früheren Vorgängen in einem engen sachlichen Zusammenhang stehen, sodass die weiteren Vorgänge ein weiteres Glied in der Kette der Ereignisse bilden. Diese Auffassung wird dadurch begründet, dass ansonsten die Ausschlussfrist des § 626 Abs. 2 BGB

---

366 Stahlhacke-Preis, 8. Auflage 2002, RN 603

367 KR(7. Auflage)-Fischermeier § 626 BGB RN 176

368 KR(7. Auflage)-Fischermeier § 626 BGB RN 173

369 Stahlhacke-Preis, 8. Auflage 2002, RN 604; grundsätzlich: BAG vom 18.12.1980, EzA § 102 BetrVG 1972 Nr. 44

370 KR(7. Auflage)-Fischermeier § 626 BGB RN 183

371 BAG vom 10.04.1975, AP Nr. 7 zu § 626 BGB Ausschlussfrist; BAG vom 16.06.1976, AP Nr. 27 zu § 72 ArbGG 1953 Streitwertrevision

372 KR(7. Auflage)-Fischermeier § 626 BGB RN 187; MünchKomm-Schwerdtner § 626 BGB RN 238

unterlaufen würde. Herschel[373] lehnt diese Meinung jedoch ebenso wie Preis[374] ab. Die Frist des § 626 Abs. 2 BGB bezieht sich auf die Ausübung des Gestaltungsrechts und nicht auf den einzelnen Kündigungsgrund.

Unentschieden ist in diesem Zusammenhang noch die Frage, ob ein Wechsel der Kündigungsgründe von verhaltens-, zu personen-, oder betriebsbedingten Kündigungsgründen möglich ist. In der Praxis ist es daher sicherlich ratsam eine weitere Kündigung vorzunehmen.

H. Formerfordernis bei Kündigung von unkündbaren Arbeitnehmern

Die Kündigungserklärung der außerordentlichen Kündigung durch den Arbeitgeber als empfangsbedürftige Willenserklärung unterliegt Formerfordernissen, deren Einhaltung zwingend erforderlich sind.

I. Gesetzlich oder tarifvertragliche Schriftform als Wirksamkeitsvoraussetzung

Mit der Einführung des § 623 BGB bedürfen Kündigungen für ihre Wirksamkeit der Schriftform. Das konstitutive Schriftformerfordernis des § 623 BGB dient in erster Linie als Warnfunktion, aber auch als Klarstellungs- und Beweisfunktion. Von der gesetzlichen Schriftform werden arbeitgeber- und arbeitnehmerseitige, ordentliche und außerordentliche Kündigungen erfasst.

Aufgrund der gesetzlichen Schriftform des § 623 BGB müssen Kündigungen in der Form des § 126 Abs. 1 BGB erfolgen. Insbesondere muss die Kündigungserklärung eine eigenhändige Unterschrift vorweisen. Kündigungen, die lediglich durch Telefax erfolgen, erfüllen diese Voraussetzung nicht, da dem Empfänger lediglich eine Kopie zugeht.[375] Eine E-Mail genügt dem gesetzlichen Schriftformerfordernis ebenfalls nicht.[376] Wird die gesetzliche Schriftform des § 623 BGB nicht eingehalten, so ist die Kündigung gem. § 125 Satz 1 BGB nichtig.[377]

---

373 Herschel, Anmerkung zu BAG vom 10.04.1975, EzA § 626 BGB n. F. Nr. 37
374 Staudinger(13. Auflage)-Preis § 626 BGB RN 69; Stahlhacke-Preis, 8. Auflage 2002, RN 605
375 Stahlhacke-Preis, 8. Auflage 2002, RN 157; BGH 28.01.1993, EzA § 126 BGB Nr. 1 (zur Bürgschaft)
376 Stahlhacke-Preis, 8. Auflage 2002, RN 157
377 KR(7. Auflage)-Spilger § 623 BGB RN 180

Die gesetzliche Schriftform des § 623 BGB schreibt jedoch nicht vor, dass die Kündigungserklärung das Wort Kündigung enthalten muss. Zur Angabe das Kündigungsgrundes verpflichtet § 623 BGB ebenfalls nicht.

Gelegentlich finden sich auch Schriftformerfordernisse in Betriebsvereinbarungen.[378]

Des Weiteren finden sich auch in Tarifverträgen Schriftformerfordernisse.[379] Die praktische Relevanz des tarifvertraglichen Schriftformerfordernisses kommt durch die Regelung des § 623 BGB jedoch nur dort zum Tragen, wo entsprechend § 15 Abs. 3 BBiG und der Regelung des § 9 Abs. 3 Satz 3 MuSchG sich das Schriftformerfordernis auch auf die Mitteilung der Kündigungsgründe erstreckt oder sonstige weitergehende Regelungen verlangt werden. Das Erfordernis der Schriftform bei Befristungen von Arbeitsverträgen ist bereits gesetzlich in § 14 Abs. 4 TzBfG geregelt.

II. Begründungszwang der außerordentlichen Kündigung bei Arbeitnehmern im Status der Unkündbarkeit

Grundsätzlich unterliegt eine Kündigung keinem vorprozessualen Begründungszwang, sodass für ihre Wirksamkeit die Mitteilung der Kündigungsgründe nicht erforderlich ist.[380] Dieser Grundsatz gilt auch für die außerordentliche Kündigung.

Lediglich die Kündigung von Berufsausbildungsverhältnissen nach der Probezeit gem. § 15 Abs. 3 BBiG[381] und die Beendigung von Arbeitsverhältnissen von Frauen in der Schwangerschaft und bis zum Ablauf von 4 Monaten nach der Entbindung gem. § 9 Abs. 3 Satz 2 MuSchG[382] setzen die Begründung der Kündigung als Wirksamkeitsvoraussetzung fest.

---

378 Stahlhacke-Preis, 8. Auflage 2002, RN 172, 184

379 BAG vom 27.03.2003, 2 AZR 173/02, EzA § 125 BGB 2002 Nr. 1; BAG vom 10.02.1999, 2 AZR 848/98, EzA § 125 BGB Nr. 13

380 v. Hoyningen-Huene/Linck KSchG § 1 RN 159; Stahlhacke-Preis, 8. Auflage 2002, RN 179; Ascheid, Kündigungsschutzrecht, RN 5; HK-KSchG-Dorndorf § 1 KSchG RN 342; KR(7. Auflage)-Etzel § 1 KSchG RN 238; Kittner/Däubler/Zwanziger-Däubler, KSchR, Einl. RN 187; BAG vom 27.02.1958, AP Nr. 1 zu § 1 KSchG Betriebsbedingte Kündigung; BAG vom 05.05.1958, NJW 1958, 1136; BAG vom 21.03.1959, AP Nr. 55 zu § 1 KSchG; BAG vom 30.06.1959, AP Nr. 56 zu § 1 KSchG; BAG vom 30.01.1963, AP Nr. 50 zu § 626 BGB; BAG vom 17.08.1972, AP Nr. 65 zu § 626 BGB

381 ErfKomm-Schlachter § 15 BBiG RN 9; KR(7. Auflage)-Weigand §§ 14, 15 BBiG RN 94

382 KR(7. Auflage)-Bader § 9 MuSchG RN 132b

Nach allgemeiner Auffassung handelt es sich bei § 626 Abs. 2 Satz 3 BGB, nachdem der Kündigende dem Kündigungsempfänger auf Verlangen den Kündigungsgrund unverzüglich mitteilen muss, nicht um eine Wirksamkeitsvoraussetzung für den Beendigungstatbestand der außerordentlichen Kündigung.[383] Der Zweck des § 626 Abs. 2 Satz 3 BGB ist lediglich darin zu sehen, dass sich der Gekündigte rechtzeitig über die Erhebung einer Kündigungsschutzklage klar werden kann.[384]

Etwas anderes kann sich selbstverständlich dann ergeben, wenn sich eine Begründungspflicht einzelvertraglich oder aus kollektivrechtlicher Vereinbarung ergibt. Die Arbeitsvertragsparteien können eine Begründungspflicht einer Kündigung ebenso vereinbaren, wie sie tariflich festgelegt werden kann oder in einer Betriebsvereinbarung vorgesehen sein könnte. Dabei ist jedoch stets zu prüfen, ob die Begründungspflicht eine Wirksamkeitsvoraussetzung für die Kündigung bilden soll, oder ob sie lediglich dem Gekündigten die Gründe vor Augen führen soll, ob es sich also um ein konstitutives oder deklaratorisches Formerfordernis handelt. Soweit es sich bei der Begründungspflicht um eine tatsächliche Wirksamkeitsvoraussetzung handeln soll, führt deren Verletzung gem. § 125 BGB zur Nichtigkeit der Kündigung.[385] Der Umfang der Begründungspflicht lässt sich in diesem Fall zweckmäßigerweise an § 15 Abs. 3 BBiG festhalten, der für die außerordentliche Kündigung eines Berufausbildungsverhältnisses die Schriftform unter Angabe der Kündigungsgründe vorschreibt.[386] Der Gekündigte muss anhand der aufgeführten Begründung, genau erkennen, weshalb das Arbeitsverhältnis vom Kündigenden beendet wurde. Umschreibungen wie „betriebsbedingt" oder der Hinweis auf ein inhaltlich nicht näher bezeichnetes Gespräch, reichen dabei nicht aus.[387]

Im Zweifel ist jedoch davon auszugehen, dass die vereinbarte Begründungspflicht keine Wirksamkeitsvoraussetzung darstellt. Insbesondere ist hier § 15 Abs. 3 BBiG nicht als Auslegungsregel heranzuziehen.[388] Nach § 15 Abs. 3 BBiG bildet die Begründung der Kündigung eine Wirksamkeitsvoraussetzung.[389]

---

[383] Stahlhacke-Preis, 8. Auflage 2002, RN 599; BAG vom 17.08.1972, AP Nr. 65 zu § 626 BGB

[384] MünchKomm-Schwerdtner Vor § 620 BGB RN 147; BT-Drucks V/3913 zu Art 2 Nr. 6, Seite 11; KR(4. Auflage)-Hillebrecht § 626 RN 73

[385] BAG vom 25.08.1977, AP Nr. 1 zu § 54 BMT-G II

[386] KR(7. Auflage)-Etzel § 1 KSchG RN 241

[387] BAG vom 25.08.1977, AP Nr. 1 zu § 54 BMT-G II; BAG vom 10.02.1999, AP Nr. 2 zu § 54 BMT-G II; BAG vom 10.02.1999, AP Nr. 3 zu § 54 BMT-G II

[388] MünchKomm-Schwerdtner Vor § 620 BGB RN 146

[389] Staudinger(13. Auflage)-Preis § 626 RN 257; MünchKomm-Schwerdtner § 626 BGB RN 258

III. Schadensersatzpflicht des Arbeitgebers im Rahmen der Auskunftspflicht gem. § 626 Abs. 2 Satz 3 BGB

Verletzt der Arbeitgeber eine ihm obliegende Pflicht zur Mitteilung der Kündigungsgründe, so kann ein Schadensersatzanspruch des Arbeitnehmers entstehen.[390] Aufgrund dieses Schadensersatzanspruches ist der gekündigte Arbeitnehmer jedoch nicht so zu stellen, als sei ihm nicht gekündigt worden, sondern, als sei ihm der Kündigungsgrund rechtzeitig entsprechend der gesetzlichen oder vereinbarten Begründungspflicht mitgeteilt worden. Andernfalls würde sich die Mitteilungspflicht der Kündigungsgründe über die Schadensersatzpflicht zu einer Art Wirksamkeitsvoraussetzung der Kündigung entwickeln. Dieses ist jedoch im Regelfall nicht beabsichtigt.[391]

Gegenstand eines Schadensersatzanspruchs ist das negative Interesse,[392] da der schadensersatzbegründende Umstand i. S. d. § 249 BGB nicht die Kündigung, sondern die versäumte Angabe des Kündigungsgrundes ist. Erstattungsfähig wären daher mögliche Kosten eines Kündigungsschutzprozesses den der Gekündigte bei Kenntnis der Gründe möglicherweise nicht angestrebt hätte.[393] Die Pflicht zur Mitteilung von Kündigungsgründen kann sich neben kollektivvertraglichen Vereinbarungen, Tarifvertrag und Betriebsvereinbarungen, aus einzelvertraglichen Vereinbarungen sowie aus dem Gesetz ergeben. Neben § 626 Abs. 2 Satz 3 BGB bildet § 1 Abs. 3 Satz 1 Hs. 2 KSchG eine derartige gesetzliche Regelung. Der § 1 Abs. 3 Satz 1 Hs. 2 KSchG führt zu einer abgestuften Darlegungs- und Beweislast.

IV. Erkennbarkeit der außerordentlichen Kündigung mit Auslauffrist für den Kündigungsempfänger als ordentlich unkündbarer Arbeitnehmer

Im Grundsatz ist es nicht erforderlich, dass der Kündigende dem Gekündigten mitteilt, ob es sich um eine ordentliche oder außerordentliche Kündigung handelt. Dem Schriftformerfordernis des § 623 BGB ist genüge getan, wenn aus dem Kündigungsschreiben hervorgeht, dass das Arbeitsverhältnis beendet wer-

---

390 KR(7. Auflage)-Etzel § 1 KSchG RN 239; v. Hoyningen-Huene/Linck, KSchG § 1 RN 162 f.

391 MünchKomm-Schwerdtner Vor § 620 BGB RN 147; v. Hoyningen-Huene/Linck KSchG § 1 RN 159; Stahlhacke-Preis, 8. Auflage 2002, RN 179

392 ErfKomm-Ascheid § 1 KSchG RN 113; v. Hoyningen-Huene/Linck KSchG § 1 RN 163

393 BAG vom 21.03.1959, AP Nr. 55 zu § 1 KSchG mit Anmerkung A. Hueck

den soll. Unklarheiten, ob es sich um eine ordentliche oder außerordentliche Kündigung handelt und zu welchem Zeitpunkt gekündigt werden soll, gehen jedoch zu Lasten des Kündigenden.[394] Die Kündigung wirkt in diesem Fall grundsätzlich als ordentliche Kündigung, da dieses für den Gekündigten günstiger ist.[395]

Im Fall des ordentlich unkündbaren Arbeitnehmer ist jedoch gerade die ordentliche Kündigung ausgeschlossen und es ist dem kündigenden Arbeitgeber nur möglich außerordentlich mit Auslauffrist zu kündigen. Will der kündigende Arbeitgeber eine außerordentliche Kündigung aussprechen, so muss er dieses in seiner Kündigungserklärung zum Ausdruck bringen.[396] Der zu kündigende ordentlich unkündbare Arbeitnehmer muss erkennen können, das ihm außerordentlich gekündigt wird und die Einhaltung der Auslauffrist nicht den Ausspruch einer ordentlichen Kündigung bedingen soll.[397] Durch den Kündigenden ist gegenüber dem Kündigungsempfänger klarzustellen, das ihm trotz Einhaltung der Kündigungsfrist außerordentlich gekündigt werden soll.[398]

V. Zugangsbedürftigkeit der Kündigung

Die Kündigung ist eine einseitig empfangsbedürftige Willenserklärung. Sie muss dem Kündigungsempfänger daher zu ihrer Wirksamkeit zugehen. Dies setzt jedoch nicht voraus, dass eine Kündigung förmlich, durch den Gerichtsvollzieher i. S. d. § 132 BGB zuzustellen wird.

Besondere Zustellungsformen sind daher nicht zwingend erforderlich. Dennoch ist es in der Praxis ratsam, eine Form der Kenntnisgabe gegenüber dem Gekündigten zu wählen, die es im Fall des Bestreitens ermöglicht, den Zugang der Kündigung zu beweisen.

Gelegentlich wird in Arbeitsverträgen vereinbart, dass Kündigungen durch eingeschriebenen Brief erfolgen müssen. Diese Vereinbarungen hat das BAG dahingehend interpretiert, dass hierin nur der Zweck zu sehen ist, den Zugang der Kündigung zu sichern. Geht die schriftliche Kündigung dennoch dem Gekündig-

---

394 BAG vom 11.06.1959, AP Nr. 1 zu § 130 BGB

395 Stahlhacke-Preis, 8. Auflage 2002, RN 160

396 Stahlhacke-Preis, 8. Auflage 2002, RN 177

397 KR(7. Auflage)-Fischermeier § 626 BGB RN 30; Stahlhacke-Preis, 8. Auflage 2002, RN 178, 588

398 BAG vom 19.06.1980, EzA § 620 BGB Nr. 47 (unter 3 b); LAG Düsseldorf vom 30.10.1973, EzA § 626 BGB n. F. Nr. 32

ten auf andere Weise zu, wurde die Kündigung vom BAG für wirksam erklärt.[399]

I. Verstoß gegen tarifvertragliche Bestimmungen - Rechtsfolge

Der Verstoß einer Kündigung gegen tarifvertragliche Bestimmungen, welche die ordentliche Kündigung des Arbeitsverhältnisses ausschließen, führt zur Unwirksamkeit der Kündigung gem. § 4 Abs. 1 TVG in Verbindung mit § 134 BGB.[400]

§ 4 KSchG regelt die Anrufung des Arbeitsgerichts in Kündigungssachen, danach muss innerhalb von 3 Wochen nach Zugang der Kündigung Klage vor dem Arbeitsgericht erhoben werden.

Mit der Klage wird ein Verstoß gegen tarifliche Bestimmungen oder Sonderrechtsnormen aufgezeigt, die die ordentliche Kündigung ausschließen. Mögliche ebenfalls vorliegende in § 1 Abs. 2 und 3 KSchG bezeichnete Gründe können jedoch daneben nur geltend gemacht werden, wenn die Drei-Wochenfrist eingehalten wurde. Dieses kann im Einzelfall ratsam sein.

---

399 BAG vom 20.09.1979, AP Nr. 8 zu § 125 BGB; BAG vom 25.08.1998, EzA § 620 BGB Kündigung Nr. 1 (unter II 5 b)

400 Kania in Küttner Unkündbarkeit RN 4

Achtes Kapitel: Der unkündbare Arbeitnehmer und das Sonderkündigungsrecht im Insolvenzarbeitsrecht - § 113 Satz 1 und 2 InsO

Durch die Insolvenz werden eine Reihe von arbeitsrechtlichen Regeln verändert. Derartige Veränderungen sind auch im Bereich der ordentlich unkündbaren Arbeitnehmer zu finden.

A. § 22 Abs. 1 KO und § 113 InsO

Die Insolvenzordnung ist am 01.01.1999 in Kraft getreten. Die §§ 113, 120 bis 122 sowie 125 bis 128 InsO wurden sogar vorzeitig zum 01.10.1996 in Kraft gesetzt. § 22 Abs. 1 KO erschöpfte sich grundsätzlich darin, die Kündigungsfrist für den Ausspruch einer Kündigung im Konkurs zu bestimmen, einen besonderen Kündigungsgrund, der den Ausspruch der Kündigung während des Konkursverfahrens unter erleichternden Voraussetzungen zulassen sollte, bot die alte Regelung des § 22 KO hingegen nicht.[401]

§ 113 InsO regelt die Kündigungsbefugnis des Insolvenzverwalters. Zur Beschleunigung von Kündigungen in der Insolvenz sieht § 113 InsO nunmehr ein gesetzliches Kündigungsrecht und eine gesetzliche Kündigungsfrist für Dienstverhältnisse vor. § 113 InsO regelt die Kündigung von Dienstverhältnissen und hat § 22 KO abgelöst. Damit wurde eine sich von der früheren Norm in einigen wichtigen Punkten unterscheidende Regelung eingeführt. Während § 22 Abs. 1 KO auf die „gesetzliche" Kündigungsfrist verwies, sofern nicht eine kürzere Frist maßgeblich war, sieht § 113 InsO grundsätzlich eine Kündigungsfrist von drei Monaten zum Monatsende vor, sofern sich nicht eine kürzere Frist aus einer anderen Rechtsgrundlage im konkreten Fall ergibt. Längere Kündigungsfristen aus Gesetz, Tarifvertrag, Betriebsvereinbarung oder Dienstvertrag treten damit in den Hintergrund. § 113 InsO geht als lex specialis allen längeren Kündigungsfristen vor. Mit den Regelungen der §§ 113, 125 - 128 InsO wollte der Gesetzgeber dem Insolvenzverwalter Möglichkeiten eröffnen, die den Personalabbau und das Kündigungsschutzverfahren vereinfachen und beschleunigen.

---

[401] Kuhn-Uhlenbruck, KO § 22 RN 15; Uhlenbruck-Berscheid, InsO § 113 RN 1; Gottwald-Heinze, Insolvenzrechtshandbuch, § 103 RN 62; Grunsky, Das Arbeitsverhältnis im Konkurs- und Vergleichsverfahren, Seite 13; Jaeger-Henckel, KO, § 22 RN 18

B. Die Insolvenzeröffnung selbst als Kündigungsgrund

Die Insolvenzeröffnung selbst stellt, ebenso wie früher die Eröffnung des Konkurses, keinen wichtigen Grund zur außerordentlichen Kündigung dar und berechtigt daher alleine auch nicht zur außerordentlichen Kündigung.[402] Allerdings bleibt das grundsätzliche Recht beider Vertragsparteien zur außerordentlichen Kündigung aus dem üblichen, ansonsten auch anerkannten wichtigem Grund auch nach Eröffnung des Insolvenzverfahrens unberührt. Die Eröffnung des Insolvenzverfahrens beschränkt damit grundsätzlich nicht die außerordentliche Kündigungsmöglichkeit bei Vorliegen eines anerkannten wichtigen Grundes außerhalb der Insolvenz, erweitert diese aber auch nicht allein durch die Insolvenzeröffnung.

C. Das gesetzliche Kündigungsrecht des Insolvenzverwalters aus § 113 Satz 1 InsO und die Kündigung der Unkündbaren

Aufgrund des gesetzlichen Kündigungsrechts des § 113 InsO können ab Insolvenzeröffnung alle Dienstverhältnisse von beiden Parteien gekündigt werden. Voraussetzung ist jedoch, dass es sich um ein Insolvenzverfahren des Dienstberechtigten, sprich des Arbeitgebers, handelt. Diese gesetzliche Kündigungsmöglichkeit des § 113 InsO erstreckt sich auf Dienstverhältnisse mit vereinbartem Ausschluss der ordentlichen Kündigung, wie er im Bereich des einzelvertraglichen Ausschlusses der ordentlichen Kündigung gegeben ist, insbesondere auch auf befristeten Vertragsvereinbarungen, bei denen § 15 Abs. 3 TzBfG den Ausschluss klarstellt. Aber auch insbesondere in Tarifverträgen, bei den tarifvertraglich ordentlich unkündbaren Arbeitnehmern - den tarifvertraglich altersgesicherten Mitarbeitern - fallen diese Tarifnormen unter die Vereinbarung i. S. d. § 113 Satz 1 InsO.[403] Dieses ist sowohl aus dem Wortlaut des § 113 Satz 1 InsO, als auch aus dem Gesetzeszweck zu folgern.

Nach Auffassung des Gesetzgebers lag der entscheidendste Mangel der früheren Konkursordnung in der Problematik, dass das von der Zahlungsunfähigkeit betroffene Unternehmen keine rechtliche Möglichkeit für eine sinnvolle Sanierung

---

402 BAG vom 25.10.1963, AP Nr. 1 zu § 22 KO; Berscheid, Konkurs - Gesamtvollstreckung - Sanierung, „Konkurs“ RN 43

403 BAG vom 19.01.2000, NZA 2000, 658; FK-Eisenbeis § 113 InsO RN 31; Kittner/Däubler/Zwanziger-Däubler, KSchR, § 113 InsO RN 21; Nerlich/Römmermann-Hamacher § 113 InsO RN 50; ErfKomm-Müller-Glöge § 113 InsO RN 10; KR(7. Auflage)-Weigand §§ 113, 120 ff. InsO RN 40

und damit für den Erhalt eines Teils der Arbeitsplätze zur Verfügung stand.[404] Insbesondere § 125 Abs. 1 Satz 1 Nr. 2 InsO ermöglicht nunmehr eine ausgewogene Personalstruktur. Dabei stellt das BAG klar, dass unter einer ausgewogenen Personalstruktur nicht nur die Altersstruktur, sondern auch das Verhältnisse der Geschlechter, das Ausbildungsniveau, etc. zu verstehen ist.[405] Diesem Gesetzeszweck würde der Erhalt der tarifvertraglichen Unkündbarkeit in der Insolvenz entgegenlaufen.

Die Schaffung einer ausgewogenen Personalstruktur und damit die Verhinderung einer personellen Überalterung des Betriebes, die einer Sanierung abträglich wäre, soll durch § 125 Abs. 1 Satz 1 Nr. 2 InsO ermöglicht werden. Der Erhalt der tarifvertraglichen Unkündbarkeit in der Insolvenz würde daher nicht nur dem Wortlaut des § 113 Satz 1 InsO entgegenlaufen, sondern auch dem Gesetzeszweck des § 125 Abs. 1 Satz 1 Nr. 2 InsO. Die gegen ein derartiges Auslegungsergebnis erhobenen verfassungsrechtlichen Bedenken, § 113 InsO greife in die tarifvertragliche Unkündbarkeit und damit in das Grundrecht der Koalitionsfreiheit nach Art. 9 Abs. 3 GG ein, können nicht überzeugen.[406] Das gesetzgeberische Ziel, der Verbesserung der Leistungsfähigkeit in der Insolvenz, vermag Eingriffe in die einzel- und tarifvertraglichen Unkündbarkeitsklausen zu rechtfertigen. Das gesetzgeberische Ziel liegt hier in erster Linie darin, einen Kompromiss zwischen den Interessen der Arbeitnehmer und der sonstigen Gläubiger zu finden.

Tarifnormen und damit die tarifvertraglich vereinbarte Unkündbarkeit fallen als ein vereinbarter Ausschluss der ordentlichen Unkündbarkeit unter § 113 Satz 1 InsO. § 113 Satz 1 InsO gibt dem Insolvenzverwalter ein gesetzliches Kündigungsrecht ohne Rücksicht auf tarifvertragliche Unkündbarkeitsregeln.[407] § 113 InsO gehört gem. § 119 InsO zu den beidseitig zwingenden Vorschriften und kann daher nicht abgedungen werden.[408]

---

404 Allg. Reg-Begr. bei Kübler/Prütting, Das neue Insolvenzrecht, Seite 119

405 BAG vom 28.08.2003, AP Nr. 8 zu § 1 KSchG 1969 Namensliste

406 ArbG Limburg vom 02.07.1997, EzA § 113 InsO Nr. 2; ArbG Stuttgart vom 04.08.1997, EzA § 113 InsO Nr. 3; Kittner/Däubler/Zwanziger-Däubler, KSchR, § 113 InsO RN 29 ff.; Zwanziger, Das Arbeitsrecht in der Insolvenz, § 113 InsO RN 15, Seite 230 f.

407 MünchKommInsO-Löwisch/Caspers § 113 InsO RN 16; Berscheid, ZInsO 1998, 115, 123; Berscheid, InVo 1998, 33; FK-Eisenbeis § 113 InsO RN 31; siehe auch: Schaub, EWiR 1998, 69 f.; BVerfG vom 08.02.1999, NZA 1999, 597

408 MünchKommInsO-Löwisch/Caspers § 113 InsO RN 15

I. Die einzelvertragliche Vereinbarung der Unkündbarkeit

Im Bereich der Vereinbarungen von einzelvertraglichen Unkündbarkeitsvereinbarungen stellt § 113 InsO die Rechtslage vor Inkrafttreten der Insolvenzordnung am 01.01.1999 klar. Das BAG[409] hatte bereits in Bezug auf § 22 KO entschieden, dass die einzelvertraglich vereinbarten Unkündbarkeitsklauseln den gem. § 22 KO anzuwendenden gesetzlichen Kündigungsfristen weichen müssen. Auch in der Literatur[410] und Instanzrechtsprechung[411] war dies für den Bereich des einzelvertraglichen Ausschusses der ordentlichen Kündigung allgemein anerkannt.

II. Der Bruch der tariflichen Unkündbarkeit in der Insolvenz

Die tarifvertraglichen Unkündbarkeitsregeln wurden jedoch entgegen der Auffassung von Kania/Kramer[412] von der h. M.[413] bis zum Inkrafttreten des § 113 InsO als konkursfest bewertet. Mit Inkrafttreten des § 113 InsO zum 01.10.1996, und der Ablösung des § 22 Abs.1 KO, hat sich diese Rechtslage geändert und ab dem Zeitpunkt der Insolvenzeröffnung sind auch die tarifvertraglich ordentlich unkündbaren Arbeitsverhältnisses gem. § 113 InsO ordentlich kündbar.[414]

Zum Teil wird trotz des eindeutigen Wortlauts die Auffassung[415] vertreten, tarifvertragliche Regelungen seien nicht als vereinbarte Unkündbarkeit gem. § 113 Satz 1 InsO anzusehen. Dorndorf[416] vertritt die Auffassung, § 113 Satz 1 InsO beruhe auf einer Verkennung der Funktion der Tarifautonomie und verstoße mangels Wahrung des Verhältnismäßigkeitsgrundsatzes gegen Art. 9 Abs. 3

409 BAG vom 09.10.1997, ZInsO 1998, 142

410 Kuhn-Uhlenbruck, KO § 22 RN 14; Kania/Kramer, RdA 1995, 287 (297); Berscheid, Konkurs - Gesamtvollstreckung - Sanierung, „Konkurs“ RN 31

411 LAG Köln vom 06.05.1987, ZIP 1987, 1467

412 Kania/Kramer, RdA 1995, 287 (297 f.)

413 BAG vom 07.06.1984, AP Nr. 5 zu § 22 KO; Kübler/Prütting-Moll, InsO, § 113 RN 60; KR(5. Auflage)-Weigand § 22 KO RN 18e; ErfKomm-Müller-Glöge § 113 InsO RN 10

414 BAG vom 19.01.2000, AP Nr. 5 zu § 113 InsO; Düwell in: Kölner Schrift zur Insolvenzordnung, Seite 1446 ff. RN 40, 42; Grunsky/Moll-Grunsky, Arbeitsrecht und Insolvenz, RN 334; Löwisch, NZA 1996, 1017; Zwanziger, Das Arbeitsrecht der Insolvenzordnung, § 113 InsO RN 13, Seite 230

415 Bichlmeier/Oberhofer, AiB 1997, 162; Lohkemper, KTS 1996, 8; HK-KSchG-Dorndorf § 1 KSchG RN 145

416 HK-KSchG-Dorndorf § 1 KSchG RN 145

GG. Diese Auffassung ist jedoch mit der Rechtsprechung[417] und der überwiegenden Gegenauffassung[418] abzulehnen. Zum einen ist der Wortlaut des Gesetzgebers eindeutig, zum anderen kann die vom Gesetzgeber gewollte Beschleunigung nur erreicht werden, wenn nicht nur die denkbar seltenen einzelarbeitsvertraglichen Unzumutbarkeitsvereinbarungen unter § 113 Satz 1 InsO fallen, sondern auch die in Tarifverträgen weit verbreiteten Unkündbarkeitsregeln.[419] Des Weiteren sei ergänzend darauf verwiesen, dass die in § 125 Abs. 1 Satz 1 Nr. 2 InsO ermöglichte Schaffung einer ausgewogenen Personalstruktur nicht erreicht werden kann, wenn die tarifvertraglich Unkündbaren, meist älteren Arbeitnehmer, aufgrund ihrer tarifvertraglichen Unkündbarkeit nicht unter § 113 Satz 1 InsO fallen würden.

Die gesetzliche Regelung des § 113 InsO geht somit allen anderen längeren Kündigungsfristen als lex specialis vor. Betroffen sind davon andere gesetzliche Kündigungsfristen, sowie Kündigungsfristen aus Tarifvertrag, Betriebsvereinbarungen oder Arbeitsverträgen.[420]

Soweit eine tarifvertragliche Kündigungsbeschränkung darin besteht, dass eine Kündigung der Zustimmung des Betriebsrates bedarf, wie es entsprechend § 102 Abs. 6 BetrVG im Rahmen einer Vereinbarung zwischen Arbeitgeber und Betriebsrat vorsieht, wird diese tarifvertragliche Kündigungsbeschränkung ebenfalls wie die tarifvertragliche Unkündbarkeitsklausel durch § 113 Satz 1 InsO verdrängt. Eine derartige Auslegung wurde durch das BAG jedenfalls dann vorgenommen, wenn im Falle der Insolvenz allen Arbeitnehmern wegen Betriebsstilllegung gekündigt wurde.[421]

---

417 BAG vom 19.01.2000, EzA § 113 InsO Nr. 10

418 KR(7. Auflage)-Wiegand §§ 113, 120 ff. InsO RN 40; Uhlenbruck-Berscheid, InsO § 113 RN 65; Heinze, NZA 1999, 59; Müller, NZA 1998, 1316; Schrader, NZA 1997, 70; Fischermeier, NZA 1997, 1098; Caspers, Personalabbau und Betriebsänderung im Insolvenzverfahren, RN 111

419 BAG vom 19.01.2000, EzA § 113 InsO Nr. 10; Berscheid, ZInsO 1998, 124; Caspers, Personalabbau und Betriebsänderung im Insolvenzverfahren, RN 113; Zwanziger, Das Arbeitsrecht der Insolvenzordnung, § 113 InsO RN 12,Seite 229

420 Preis, NJW 1996, 3377

421 BAG vom 19.01.2000 - 4 AZR 911/98 – RzK IV 5 Nr. 25 = KTS 2001, 186, 187; a. A.: Vorinstanz LAG Baden-Württemberg vom 09.11.1998, LAGE § 113 InsO Nr. 6

III. Das befristete Dienstverhältnis in der Insolvenz und die ordentliche Kündigung trotz fehlender Vereinbarung

Unabhängig ob sich die Vertragsparteien die ordentliche Kündigung vorbehalten haben oder nicht, gilt das Kündigungsrecht des § 113 InsO insbesondere auch für befristete Dienstverhältnisse,[422] deren ordentliche Unkündbarkeit sich bei mangelndem Vorbehalt der ordentlichen Kündigung aus § 15 Abs. 3 TzBfG ergibt. Auch die ordentliche Unkündbarkeit bei vereinbarter Vertragsdauer wird durch § 113 InsO gesprengt.[423]

D. Der Zeitpunkt des Kündigungsausspruchs bei der Kündigung der Unkündbaren in der Insolvenz

Im Gegensatz zu § 22 KO wird in § 113 InsO nicht vorausgesetzt, dass es sich um ein bereits angetretenes Dienstverhältnis handeln muss. Der Insolvenzverwalter kann das Dienstverhältnis also auch vor dessen Antritt kündigen.[424] Da Voraussetzung für die tarifvertragliche Unkündbarkeit gerade eine gewisse Beschäftigungszeit ist, spielt dieses bei tarifvertraglich unkündbaren Arbeitnehmern keine Rolle.

Bei der einzelvertraglichen Unkündbarkeit und bei den befristeten Dienstverhältnissen kann dieser Unterschied hingegen zum Tragen kommen. Diese Dienstverhältnisse können bereits vor Antritt gekündigt werden, obwohl sich der Arbeitnehmer in einem unkündbaren Arbeitsverhältnis glaubte, bei vereinbarter Befristung zumindest für die Dauer der Befristung, und der Arbeitnehmer möglicherweise gerade aus diesem Grund ein anderes kürzeres oder für unsicherer geglaubtes Arbeitsverhältnis beendet hat. Die dreimonatige Kündigungsfrist zum Monatsende, sofern nicht eine kürzere Frist maßgeblich ist, fängt mit Zugang der Kündigung zu laufen an. Unter Umständen wird dadurch das Arbeitsverhältnis nicht angetreten, eine Mindestlaufzeit wird durch § 113 InsO also nicht gewährt. Anders als bei § 17 KO hat der Insolvenzverwalter hier, bei einem noch nicht angetretenen Dienstverhältnis, auch kein Wahlrecht nach § 103 InsO.[425]

---

[422] BAG vom 06.07.2000, AP Nr. 6 zu § 113 InsO; LAG Düsseldorf vom 05.11.1999, BB 2000, 622 f.; Lakies, RdA 1997, 145 (146)

[423] Kasseler Handbuch-Eisenbeis 6.9 RN 85

[424] ErfKomm-Müller-Glöge § 113 InsO RN 14

[425] Berscheid, ZInsO 1998, 116

Sollten die Vertragsparteien, was gelegentlich vorkommt, eine Kündigung vor Antritt einzelvertraglich ausgeschlossen haben, so dürfte m. E. dieser Ausschluss nicht zum Tragen kommen, da § 113 InsO den Insolvenzverwalter gerade trotz vereinbarten Kündigungsausschluss zur ordentlichen Kündigung berechtigt.

Das Kündigungsrecht beider Vertragsparteien, wobei es auf der Arbeitgeberseite nur vom Insolvenzverwalter wahrgenommen werden kann, beginnt mit der Eröffnung des Insolvenzverfahrens. Dieses Kündigungsrecht nach § 113 InsO muss jedoch nicht unverzüglich nach Insolvenzeröffnung ausgeübt werden. Ebenso wenig ist ein Verzicht darin zu sehen, dass der Insolvenzverwalter zunächst nicht kündigt. Ist die Kündigung hingegen vom Insolvenzverwalter ausgesprochen, dann ist ihre Wirksamkeit nicht vom Fortbestehen des Insolvenzverfahrens abhängig.

E. Die Kündigungsfrist nach Eröffnung der Insolvenz bei Kündigung ordentlich unkündbarer Arbeitnehmer

Die Kündigungsfrist beträgt nach § 113 Satz 2 InsO drei Monate zum Monatsende, sofern nicht eine kürzere Frist maßgeblich ist. Maßgeblich ist hierbei, was Geltung beansprucht.[426] Tarifvertragliche,[427] gesetzliche oder zulässigerweise einzelvertraglich vereinbarte Kündigungsfristen finden keine Anwendung, wenn es sich hierbei um eine längere Frist, als die Höchstfrist des § 113 Satz 2 InsO, handelt. Die Höchstfrist des § 113 Satz 2 InsO gilt insbesondere auch dann, wenn arbeitsvertraglich eine längere Frist als die gesetzliche Kündigungsfrist vereinbart wurde und diese arbeitsvertraglich vereinbarte Frist wiederum die Höchstfrist des § 113 Satz 2 InsO übersteigt.[428] Die Dreimonatsfrist soll in der Insolvenz einen Ausgleich bilden, zwischen den sozialen Belangen der Arbeitnehmer, der sonstigen Dienstverpflichteten des insolventen Unternehmens und den Interessen der Insolvenzgläubiger an der Erhaltung der Masse als Grundlage ihrer Befriedigung.[429]

---

426 BAG vom 06.07.2000, AP Nr. 6 zu § 113 InsO

427 Warrikoff, BB 1994, 2338; Lohkemper, KTS 1996, 6

428 BAG vom 03.12.1998, AP Nr. 1 zu § 113 InsO

429 Reuter, DZWiR 1999, 28, 29 f.; Dahlbender, EWiR 1999, 30; Eisenbreis, FA 1999, 3; Kania, DStR 1996, 832; Schaub, DB 1999, 217, 220; Pape, EWiR 1998, 901, 902; kritisch: Plander, DZWiR 1999, 184 ff.

Die dreimonatige Frist des § 113 Satz 2 InsO ist eine gesetzliche Kündigungshöchstfrist[430] und lex specialis zu anderen gesetzlichen Kündigungsfristen, wie auch anderen möglichen Kündigungsfristen in Tarifverträgen, Betriebsvereinbarungen oder Arbeitsverträgen.[431] Verfassungsrechtliche Bedenken,[432] die gegen die Verkürzung der tarifvertraglichen Kündigungsfristen erhoben werden, können nicht[433] überzeugen. Hinreichende gewichtige, grundrechtlich geschützte Belange rechtfertigen den Eingriff in die Tarifautonomie. Das kollidierende Verfassungsrecht bildet die Legitimation für Eingriffe in Art. 9 Abs. 3 GG, mit der Folge, dass die Grundrechte Dritter der Koalitionsfreiheit Grenzen ziehen können. Durch Art. 9 Abs. 3 GG wird den Tarifvertragsparteien ein Normsetzungsrecht zugestanden, jedoch kein Normsetzungsmonopol.[434] Die sozialen Belange der Arbeitnehmer, als eine Gruppe der Insolvenzgläubiger, wurden vom Gesetzgeber mit den Interessen der anderen Insolvenzgläubiger abgewogen. Der Insolvenzverwalter hat in der Regel keinen Beschäftigungsbedarf mehr, durch eine unverhältnismäßig lange Kündigungsfrist des Insolvenzverwalters würden zu Lasten der anderen Insolvenzgläubiger Ansprüche der Arbeitnehmer, ohne Gegenleistung und Wertschöpfung, entstehen. Die Entstehung von Massenschulden soll begrenzt werden. Das Interesse des Insolvenzverwalters aus § 113 InsO gegen eine übermäßige Aushöhlung der Insolvenzmasse genießt Verfassungsrang, da die Forderungen der Insolvenzgläubiger als Eigentum im Sinne des Art. 14 GG rechtlich geschützte Rechtsgüter bilden. Im Ergebnis gilt für tarifvertragliche Regelungen nichts anderes, mit denen ab einem bestimmten Lebensalter und einer bestimmten Betriebszugehörigkeit die ordentliche Kündigung ausgeschlossen werden soll. Tarifvertragliche Unkündbarkeitsregeln sind Gegenstand einer Vereinbarung, sodass sich dieses Ergebnis auch aus der Auslegung des § 113 InsO ergibt. Im Hinblick auf die frühere Gleichstellung von gesetzlichen und tarif-

[430] BAG vom 06.07.2000, AP Nr. 6 zu § 113 InsO; vgl. Begr. Rechtsausschuss bei Kübler/Prütting, Das neue Insolvenzrecht, Seite 309

[431] BAG vom 16.06.1999, AP Nr. 3 zu § 113 InsO; LAG München vom 26.08.1998, ZInsO 1999, 120; Berscheid, ZInsO 1998, 163; Boemke, NZI 2001, 460; APS-Dörner § 113 InsO RN 6; Ettwig, SAE 2001, 235, 236; Hess, AR-Blattei SD 915.1 RN 139; Lakies, NZI 2000, 345, 350

[432] ArbG Limburg vom 02.07.1997, EzA § 113 InsO Nr. 2; ArbG München vom 23.09.1998, NZA-RR 1999, 18; ArbG Stuttgart vom 17.06.1998 und vom 16.12.1998, ZInsO 1999, 183; Kittner/Däubler/Zwanziger-Däubler, KSchR, § 113 InsO RN 31; Zwanziger, Das Arbeitsrecht in der Insolvenzordnung, § 113 InsO RN 15 ff., Seite 230 ff.

[433] BVerfG v. 08.02.1999, NZA 1999, 597; BVerfG v. 21.05.1999, NZA 1999, 923; BAG vom 16.06.1999, AP Nr. 3 zu § 113 InsO; BAG vom 19.01.2000, NZA 2000, 658; LAG Hamm vom 13.08.1997, BB 1998, 541; Boewer, RdA 2001, 390; APS-Dörner § 113 InsO RN 6; Ettwig, SAE 2001, 235, 237; Giesen, SAE 2000, 305, 306 f.; Lakies, RdA 1997, 145 (146); Lakies, BB 1998, 2640; ErfKomm-Müller-Glöge § 113 InsO RN 19; KR(7. Auflage)-Weigand §§ 113, 120 ff. InsO RN 25

[434] Kübler/Prütting-Moll, InsO, § 113 RN 64

vertraglichen Kündigungsfristen im Konkurs[435] ist das Ergebnis der Verfassungskonformität konsequent. Kommt die dreimonatige gesetzliche Kündigungshöchstfrist des § 113 Satz 2 InsO zur Anwendung, so wird gleichfalls der Kündigungstermin, zum Monatsende, durch § 113 Satz 2 InsO normiert. § 113 Satz 2 InsO gilt sowohl für Beendigungs- als auch für Änderungskündigungen.[436]

I. Die Kündigungsfrist im befristeten Arbeitsverhältnis nach Insolvenzeröffnung

Befristete Arbeitsverhältnisse sind, soweit keine anderslautende einzel- oder tarifvertragliche Vereinbarung vorliegt, grundsätzlich ordentlich nicht kündbar. Dieser bereits früher, in § 620 BGB, anerkannte Grundsatz ist nunmehr in § 15 Abs. 3 TzBfG geregelt. In der Insolvenz hingegen wird die Kündigungsmöglichkeit in § 113 Satz 1 InsO normiert, mit der weiteren Folge, dass das befristete Arbeitsverhältnis mit der Dreimonatsfrist des § 113 Satz 2 InsO gekündigt werden kann. Da vor Eröffnung der Insolvenz keine ordentliche Kündigungsmöglichkeit bestand, war auch keine Kündigungsfrist - auch nicht die gesetzliche Kündigungsfrist - maßgeblich, sodass die Kündigungsfrist des § 113 Satz 2 InsO nicht durch eine andere maßgebliche und kürzere Frist verdrängt wird.[437]

Zu beachten ist in diesem Zusammenhang das Urteil des BAG vom 04.07.2001,[438] wonach die Probezeitabrede in befristeten Arbeitsverhältnissen meist eine stillschweigende Vereinbarung der ordentlichen Kündigung beinhaltet, mit der Folge, das die danach geltende Kündigungsfrist kürzer ist und die Höchstfrist des § 113 Satz 2 InsO verdrängt wird.

---

435 Berscheid, InVo 1998, 36; vgl. zur früheren Rechtslage: BAG vom 17.03.1976, AP Nr. 2 zu § 22 KO mit Anmerkung von Rimmelspacher

436 vgl. Begr.-Rechtsausschuss bei Kübler/Prütting, Das neue Insolvenzrecht, Seite 309; Fischer, NZA 2002, 536, 537; Boewer, RdA 2001, 390; Kittner/Däubler/Zwanziger-Däubler, KSchR, § 113 InsO RN 7; Schrader, NZA 1997, 70; Warrikoff, BB 1994, 2338

437 BAG vom 06.07.2000, NZA 2001, 23; Boewer, RdA 2001, 390 f.; Kittner/Däubler/Zwanziger-Däubler, KSchR, § 113 InsO RN 24; FK-Eisenbeis § 113 InsO RN 27; KR(7. Auflage)-Weigand §§ 113, 120 ff. InsO RN 44 und 45; Stahlhacke-Preis, 8. Auflage 2002, RN 2156
a. A.: LAG Hamm vom 25.10.2000 - 4 Sa 363/00; Caspers SAE 2001, 187, 188 f.; Hess AR-Blattei SD 915.1 RN 140

438 BAG vom 04.07.2001, EzA § 620 BGB Kündigung Nr.4

II. Die Änderung der Kündigungsfrist in der Insolvenz durch die sog. Nachkündigung

Die Kündigung als Gestaltungsrecht kann durch ihre Ausübung verbraucht sein. Bei identischem Sachverhalt, geht die zweite - erneute Kündigung ins Leere.[439] Anders jedoch, wenn die erste Kündigung aus irgendwelchen Gründen unwirksam war - fehlende Betriebsratsanhörung, Formmangel oder in der Insolvenz. Nach Eröffnung der Insolvenz wird die erste Kündigung nicht nur einfach wiederholt, sondern eine neue rechtsgestaltende Erklärung auf der Rechtsgrundlage des nunmehr anzuwendenden § 113 InsO abgegeben. Auf die so mögliche sog. Nachkündigung finden die Regeln der Insolvenzordnung und damit die dreimonatige Kündigungsfrist des § 113 Satz 2 InsO Anwendung.[440] Haben Arbeitgeber oder vorläufiger Insolvenzverwalter bereits vor Eröffnung der Insolvenz eine Kündigung gegenüber dem Mitarbeiter ausgesprochen, so kann der Insolvenzverwalter durch Ausspruch einer weiteren Kündigung nach Eröffnung der Insolvenz, der sog. Nachkündigung, ein früheres Ende des Arbeitsverhältnisses durch die Dreimonatsfrist des § 113 Satz 2 InsO erreichen.[441] Zu einer erheblichen Verkürzung des Arbeitsverhältnisses kann es hierbei insbesondere bei den ordentlich unkündbaren Arbeitnehmern kommen, wenn diesen z. B. aufgrund des vollständigen Wegfalls ihres Arbeitsplatzes, zunächst außerordentlich mit Auslauffrist gekündigt wurde und nach der Eröffnung der Insolvenz von der Kündigungsmöglichkeit des § 113 InsO Gebrauch gemacht wird.

III. Die Kündigungsfrist im Rahmen der Beendigung des Arbeitsverhältnisses durch den Arbeitnehmer

An die gesetzliche Höchstfrist des § 113 Satz 2 InsO ist auch der Arbeitnehmer bei seiner Kündigung gebunden, sofern nicht eine andere Frist maßgeblich ist. Eine fristlose Kündigung ohne wichtigen Grund kann auch nicht durch den Arbeitnehmer erfolgen.

---

[439] KR(7. Auflage)-Fischermeier § 626 BGB RN 403

[440] BAG vom 22.05.2003, AP Nr. 12 zu § 113 InsO; BAG vom 16.06.1999, ZInsO 1999, 714; Boewer, RdA 2001, 391; Kittner/Däubler/Zwanziger-Däubler, KSchR, § 113 InsO RN 57, Nerlich/Römermann-Hamacher § 113 InsO RN 93; Leithaus, NZI 1999, 255; MünchKommInsO-Löwisch/Caspers § 113 InsO RN 23; KR(7. Auflage)-Weigand §§ 113, 120 ff. InsO RN 46

[441] Kübler/Prütting-Moll, InsO, § 113 RN 66; BAG vom 22.05.2003, 2 AZR 255/02, BAG vom 22.05.2003, AP Nr. 12 zu § 113 InsO

IV. Maßgeblichkeit und Rechtsgrundlage einer kürzeren Kündigungsfrist in der Insolvenz

In Bezug auf die Maßgeblichkeit und deren Rechtsgrundlage der kürzeren Kündigungsfrist gem. § 113 Satz 2 InsO bestehen unterschiedliche Auffassungen. Teilweise wird in der Rechtsprechung[442] und Literatur[443] die Auffassung vertreten, dass bei einzelvertraglich vereinbarten Kündigungsfristen, die zwar kürzer als die dreimonatige Frist des § 113 Satz 2 InsO, jedoch länger als die gesetzlichen Fristen sind, die dreimonatige Frist des § 113 Satz 2 InsO keine Wirkung entfalten soll. Nach dieser Auffassung soll hier die gesetzliche Kündigungsfrist Geltung erlangen. Die Auffassung entspricht der bis zum Inkrafttreten der Insolvenzordnung geltenden Rechtslage des § 22 Abs. 1 Satz 2 KO.[444]

Diese Auffassung ist jedoch mit der h. M.[445] und Rechtsprechung des BAG[446] abzulehnen. Danach erhält die einzelvertraglich vereinbarte längere Kündigungsfrist bis zur Höchstdauer von drei Monaten Vorrang vor der kürzeren gesetzlichen Kündigungsfrist. Erst ab einer längeren Kündigungsfrist als die Dreimonatsfrist des § 113 Satz 2 InsO rechtfertigen die Interessen der Insolvenzgläubiger einen Eingriff in einzel- oder kollektivvertragliche Vereinbarungen. Dafür spricht insbesondere der Wortlaut des § 113 Satz 2 InsO. Danach beträgt die Kündigungsfrist drei Monate zum Monatsende, wenn nicht eine kürze Frist maßgeblich ist. Maßgeblich ist dabei was Geltung beansprucht. Geltung erlangt eine einzelvertraglich vereinbarte Kündigungsfrist, wenn sie zwar länger als die gesetzliche Frist und kürzer als die dreimonatige Frist des § 113 Satz 2 InsO ist.

F. Die ordentliche Unkündbarkeit aufgrund gesetzlicher Bestimmungen in der Insolvenz

§ 113 InsO ermöglicht also die Kündigung der ordentlich unkündbaren Arbeitnehmer, soweit die Unkündbarkeit auf einem vereinbarten Ausschluss der or-

[442] LAG Köln vom 26.03.1998, NZA 1998, 765; LAG Hamm vom 27.03.1998, LAGE § 113 InsO Nr. 5
[443] Berscheid, ZInsO 1998, 159, 162
[444] zu § 22 Abs. 1 KO: BAG vom 17.03.1976, EzA § 22 KO Nr. 1
[445] Kittner/Däubler/Zwanziger-Däubler, KSchR, § 113 InsO RN 18; Nerlich/Römermann-Hamacher § 113 InsO RN 95; Hess, AR-Blattei SD 915.1 RN 143; Tschöpe/Fleddermann, ZInsO 2001, 455, 456 f.; KR(7. Auflage)-Weigand §§ 113, 120 ff. InsO RN 34; Münch-KommInsO-Löwisch/Caspers § 113 InsO RN 25
[446] BAG vom 03.12.1998, NZA 1999,425

dentlichen Kündigung beruht. Anders stellt sich die Rechtslage dar, wenn sich die ordentliche Unkündbarkeit aufgrund gesetzlicher Bestimmungen ergibt. Hier müssen, anders als bei dem vereinbarten Kündigungsausschluss, noch weitere Voraussetzungen hinzutreten, damit eine Kündigung ausnahmsweise erfolgen kann. Die Eröffnung des Insolvenzverfahrens reicht hier ebenfalls nicht aus, insbesondere müssen die gesetzlichen Bestimmungen der ordentlichen Unkündbarkeit Beachtung finden, ebenso wie das Kündigungsschutzgesetz selbst.

I. Der allgemeine Kündigungsschutz des KSchG

§ 113 InsO schließt den allgemeinen Kündigungsschutz nicht aus. In Bezug auf den vereinbarten Ausschluss der ordentlichen Kündigung und auf eine vereinbarte Vertragsdauer wird zwar ein eigenständiges Kündigungsrecht durch § 113 InsO begründet, dadurch wird jedoch keine Freistellung von den anderen gesetzlichen Regelungen der Kündigung fundiert. Bei Vorliegen der betrieblichen (§ 23 Abs. 1 KSchG) und persönlichen (§ 1 Abs. 1 KSchG) Anwendungsvoraussetzungen ist das Kündigungsschutzgesetz zu beachten.[447] § 113 InsO begründet keinen neuen Kündigungsgrund.[448] Der allgemeine Kündigungsschutz sowie auch der Sonderkündigungsschutz gelten in der Insolvenz weiter.[449] Die Insolvenzeröffnung, wie auch früher die Konkurseröffnung, können als solche eine betriebsbedingte Kündigung nicht als sozial rechtfertigen.[450] Erst wenn der Konkursverwalter eine insolvenzspezifische Entscheidung wie die Rationalisierung oder Stilllegung unrentabler Betriebe oder Betriebsteile trifft, können dringende betriebliche Erfordernisse im Sinne des § 1 Abs. 2 KSchG vorliegen.[451] Dennoch sind auch bei betriebsbedingten Kündigungen im Insolvenzfall soziale Auswahlerwägungen zu beachten.[452] Die Sozialauswahl ist in der Insolvenz vollständig zu beachten.

---

[447] BAG vom 16.09.1982, AP Nr. 4 zu § 22 KO

[448] Düwell in: Kölner Schrift zur Insolvenzordnung, Seite 1444 RN 29; HK-InsO-Irschlinger § 113 InsO RN 2

[449] Kittner/Däubler/Zwanziger-Däubler, KSchR, § 113 InsO RN 39 ff.; FK-Eisenbeis § 113 InsO RN 32; Nerlich/Römermann-Hamacher § 113 InsO RN 98 ff. und 209 ff.; Erf-Komm-Müller-Glöge § 113 InsO RN 21 ff.; KR(7. Auflage)-Weigand §§ 113, 120 ff. InsO RN 65 und 47; Berkowsky, Die betriebsbedingte Kündigung, § 12 RN 4, Seite 341; bereits zur KO: BAG vom 16.09.1982, AP Nr. 4 zu § 22 KO

[450] BAG vom 16.09.1982, AP Nr. 4 zu § 22 KO; Berkowsky, Die betriebsbedingte Kündigung, § 12 RN 24, Seite 346; Gottwald-Heinze, Insolvenzrechtshandbuch, § 103 RN 75; Kuhn-Uhlenbruch, KO, § 22 RN 15

[451] Gottwald-Heinze, Insolvenzrechtshandbuch, § 103 RN 75; Kuhn-Uhlenbruch, KO, § 22 RN 15

[452] BAG vom 16.09.1982, AP Nr. 4 zu § 22 KO

II. Die anhaltende Geltung des besonderen Kündigungsschutzes in der Insolvenz

Der besondere Kündigungsschutz wird durch § 113 InsO ebenfalls nicht ausgeschlossen. § 113 Satz 1 InsO erfasst nicht den gesetzlichen Ausschluss des ordentlichen Kündigungsrechts. Neben § 113 InsO sind daher auch die besonderen Kündigungsschutzbestimmungen zu beachten.[453] So finden daneben Anwendung z. B. § 15 KSchG, § 17 Abs. 3 KSchG, § 9 MuSchG, § 18 BErzGG, § 613a Abs. 4 BGB und §§ 85, 91 SGB IX.

1. Die Wehr- und Zivildienstleistenden

Wehrdienstleistende können auch in der Insolvenz nur gem. § 2 ArbPLSchG und Zivildienstleistende nur gem. §§ 78 Abs. 1, 15a ZivildienstG gekündigt werden. Entgegen der Auffassung von Zwanziger[454] handelt es sich bei diesen Kündigungsverboten ohne Erlaubnisvorbehalt nicht um vereinbarte Regelungen i. S. v. § 113 InsO. Sie haben daher auch in der Insolvenz bestand.[455]

2. Beteiligungsrechte des Betriebsrats

Der Insolvenzverwalter hat auch die Mitwirkungs- und Mitbestimmungsrechte des Betriebsrates zu beachten.[456] Insbesondere ist vor jeder Kündigung der Betriebsrat anzuhören. Die Bestimmungen des BetrVG, so auch speziell die §§ 102 und 103 BetrVG, behalten ihre Gültigkeit.

---

453 Warrikoff, BB 1994, 2338; Kasseler Handbuch-Eisenbeis 6.9 RN 90

454 Zwanziger, Das Arbeitsrecht der Insolvenzordnung, § 113 InsO RN 8, Seite 228

455 MünchKommInsO-Löwisch/Caspers § 113 InsO RN 22; ErfKomm-Müller-Glöge § 113 InsO RN 23; so auch: KR(7. Auflage)-Weigand § 2 ArbPlSchG RN 23; so auch: ErfKomm-Ascheid § 2 ArbPlSchG RN 8

456 BAG vom 20.11.1970, AP Nr. 8 zu § 72 BetrVG; BAG vom 17.09.1974, AP Nr. 1 zu § 113 BetrVG 1972

3. Die Kündigung von Betriebsratsmitgliedern

Für Betriebsratmitglieder bleibt der besondere Kündigungsschutz nach § 15 KSchG erhalten.[457] Die Insolvenzeröffnung bildet keinen wichtigen Grund zur außerordentlichen Kündigung eines Betriebsratsmitgliedes.[458] Auch bei der Betriebsstilllegung ist der Insolvenzverwalter nur berechtigt eine Kündigung dem Betriebsratsmitglied gegenüber zum Zeitpunkt der Stilllegung auszusprechen, sofern nicht zwingende betriebliche Erfordernisse die Kündigung zu einem früheren Zeitpunkt bedingen. Erfolgt eine Kündigung zum voraussichtlichen Stilllegungstermin und verzögert sich die Stilllegung sodann, so endet das Arbeitsverhältnis des Betriebsratsmitgliedes erst mit der Stilllegung.[459] Wird der Betrieb veräußert und es kommt dadurch nicht zur Stilllegung, so geht das Arbeitsverhältnis des Betriebsratsmitgliedes auf den Erwerber über und die Kündigung ist gegenstandslos.[460] Bei Stilllegung des Betriebsteiles, indem das Betriebsratsmitglied tätig ist, ist das Betriebsratsmitglied in einer anderen Betriebsabteilung zu übernehmen, oder soweit dazu aus betrieblichen Gründen dazu keine Möglichkeit besteht, sind die Regeln des § 15 Abs. 4 BetrVG sinngemäß anzuwenden. Gegebenenfalls ist die Übernahme des Betriebsratsmitgliedes in einen anderen Betriebsteil durch Freikündigen eines geeigneten Arbeitsplatzes zu erwirken.[461]

4. Schwerbehinderte Menschen

Der Sonderkündigungsschutz schwerbehinderter Menschen wird durch die Insolvenzeröffnung grundsätzlich nicht berührt. [462] Schwerbehinderten Menschen kann auch nach Eröffnung der Insolvenz durch den Insolvenzverwalter nur gem. §§ 85, 91 SGB IX nach Einholung der Zustimmung des Integrationsamt gekündigt werden. Gem. § 89 Abs. 3 SGB IX handelt es sich dabei um eine gebundene Sollentscheidung.

---

457 KR(7.Auflage)-Weigand § 113, 120 ff. InsO RN 48 f.; Grunsky/Moll-Grunsky, Arbeitsrecht und Insolvenz, RN 414

458 BAG vom 29.03.1977, AP Nr. 11 zu § 102 BetrVG 1972

459 BAG vom 23.04.1980, EzA § 15 KSchG n. F. Nr. 24

460 BAG vom 23.04.1980, EzA § 15 KSchG n. F. Nr. 24

461 BAG vom 13.06.2002, AP Nr. 97 zu § 615 BGB; KR(7.Auflage)-Weigand § 113, 120 ff. InsO RN 50

462 Grunsky/Moll-Grunsky, Arbeitsrecht und Insolvenz, RN 414

5. Der besondere Kündigungsschutz aus dem MuSchG

Der besondere Kündigungsschutz gem. § 9 MuSchG ist vom Insolvenzverwalter ebenfalls zu beachten.[463] Bei einer Stilllegung des Betriebes in der Insolvenz kann die Kündigung jedoch von der zuständigen Behörde für zulässig erklärt werden, die Bejahung eines besonderen Falles gem. § 9 Abs. 3 MuSchG ist bei der Betriebsstilllegung wahrscheinlich.[464]

G. § 613a BGB und die Insolvenzeröffnung

Die Anwendung vom § 613a BGB in der Insolvenz ergibt sich aus § 128 Abs. 2 InsO.

H. Die Schriftform des § 623 BGB

Auch nach Eröffnung der Insolvenz hat der Insolvenzverwalter bei Kündigungen die Schriftform des § 623 1. Halbsatz BGB zu beachten, sowie darüber hinausgehende Formerfordernisse aus Gesetz, Tarifvertrag, Betriebsvereinbarung oder Einzelarbeitsvertrag, wie z. B. die schriftliche Mitteilung der Kündigungsgründe.

---

[463] BAG vom 25.10.63, AP Nr. 1 zu § 22 KO; Grunsky/Moll-Grunsky, Arbeitsrecht und Insolvenz, RN 414

[464] BVerwG vom 18.08.1977, AP Nr. 5 zu § 9 MuSchG 1968

Neuntes Kapitel: Zusammenfassung der Ergebnisse - Thesen

1) Im Gegensatz zur ordentlichen Kündigung ist der grundsätzliche Ausschluss der außerordentlichen Kündigung nicht möglich.

2) Der ordentlich unkündbare Arbeitnehmer ist nur aus wichtigem Grund außerordentlich kündbar. Die außerordentliche Kündigung aus minder wichtigem Grund ist mit der h. M. und der Rechtsprechung abzulehnen.

3) Im Rahmen der Interessenabwägung des § 626 Abs. 1 BGB ist beim ordentlich unkündbaren Arbeitnehmer, im Gegensatz zum kündbaren Arbeitnehmer, auf die tatsächliche Vertragsdauer und nicht auf die fiktive Kündigungsfrist abzustellen. Aufgrund der langen Vertragsbindung entsteht für den ordentlich unkündbaren Arbeitnehmer die Gefahr, leichter außerordentlich gekündigt zu werden. Dem dadurch entstehenden Wertungswiderspruch wird durch eine zweistufige Prüfung begegnet. Auf der ersten Stufen ist zu prüfen, ob auch bei ordentlicher Kündigungsmöglichkeit eine außerordentliche Kündigung in Betracht käme. Sofern diese nicht in Betracht kommt, ist auf der zweiten Stufe zu prüfen, ob aufgrund der langen Vertragsbindung beim unkündbaren Arbeitnehmer eine außerordentliche Kündigung - ausnahmsweise - dennoch gerechtfertigt wäre. Diese dann jedoch nur unter Einhaltung der gesetzlichen oder tarifvertraglichen Kündigungsfrist.

4) Bei betriebsbedingtem Wegfall des Arbeitsplatzes ist der ordentlich unkündbare Arbeitnehmer - ausnahmsweise - außerordentlich unter Einhaltung der gesetzlichen oder tarifvertraglichen Kündigungsfrist kündbar. Dabei stellt das BAG gesteigerte Anforderungen an den wichtigen Grund des § 626 Abs. 1 BGB. Der strenge Prüfungsmaßstab beinhaltet, dass zunächst vom Arbeitgeber alles versucht werden muss, die Kündigung zu vermeiden. Geeignete Maßnahmen bilden hierbei, Umorganisationen in der Sphäre des Arbeitgebers oder eine Umschulung des unkündbaren Arbeitnehmers. Die Darlegungs- und Beweislast trifft hierbei im vollen Umfang den Arbeitgeber. Er hat darzulegen und gegebenenfalls zu beweisen, dass er über viele Jahre hinweg Gehaltszahlungen leisten müsste, ohne eine entsprechende Gegenleistung zu erhalten. Des Weiteren hat er darzulegen, dass auch Umorganisation und Umschulung keine Weiterbeschäftigung des ordentlich unkündbaren Arbeitnehmers ermöglichen. Die pauschale Behauptung reicht hierbei nicht aus. Im Gegensatz zur betriebsbedingten ordentlichen Kündigung darf der Arbeitgeber nicht abwarten, ob der Arbeitnehmer die Behauptung des Nichtvorliegens einer Weiterbeschäftigung bestreitet. Der Arbeitgeber hat sofort vorzutragen, warum eine Weiterbeschäftigung nicht in Betracht kommt. Der Wegfall des Arbeitsplatzes stellt dabei nach h. M. einen

Dauertatbestand dar, sodass die Kündigungserklärungsfrist des § 626 Abs. 2 BGB stets eingehalten wird.

5) Basiert die ordentliche Unkündbarkeit auf einem besonderen gesetzlichen Kündigungsausschluss, so kommt - z. B. bei Betriebsratsmitgliedern - auch ein Freikündigen eines anderen Arbeitsplatzes in Betracht.

6) Eine krankheitsbedingte Kündigung des tariflich ordentlich unkündbaren Arbeitnehmer kommt ebenfalls nur in absoluten Ausnahmefällen in Betracht. Voraussetzung ist, dass der ordentlich unkündbare Arbeitnehmer derart erkrankt ist, dass dauerhaft eine sinnvolle Tätigkeit nicht mehr in Betracht kommt. Der Arbeitgeber muss im Rahmen seines Direktionsrechts sämtliche innerorganisatorischen Maßnahmen treffen, um dem erkrankten Arbeitnehmer eine Tätigkeit trotz der Erkrankung zu ermöglichen. Ein Freikündigen kommt jedoch nicht in Betracht. Die Erkrankung stellt ebenfalls einen Dauertatbestand dar.

7) Der tariflich ordentlich unkündbare Arbeitnehmer ist nach h. M. in der Literatur nicht in die Sozialauswahl des § 1 Abs. 3 KSchG einzubeziehen. Das BAG hat noch keine abschließende Entscheidung getroffen. Die Instanzgerichte haben unterschiedlich entschieden.
Die h. M. ist abzulehnen. Gesetzliche Regelungen gehen tarifvertraglichen Regelungen grundsätzlich vor. Sowohl der gesetzliche - § 1 Abs. 3 KSchG - als auch der tarifvertragliche Kündigungsschutz regeln einen erhöhten kündigungsschutzrechtlichen Bestandsschutz bestimmter Arbeitnehmergruppen. Beide haben dasselbe Regelungsziel, wobei der gesetzliche Kündigungsschutz nicht durch den tarifvertraglichen Kündigungsschutz abgesenkt werden kann. Die tarifvertraglich unkündbaren Arbeitnehmer sind daher in die Sozialauswahl des § 1 Abs. 3 KSchG einzubeziehen.

8) Um den unkündbaren Arbeitnehmer bei der nur ausnahmsweise zulässigen außerordentlichen Kündigung nicht zu benachteiligen, sind bei der Betriebsratsanhörung die strengeren Regeln der ordentlichen Kündigung zu beachten.

9) In der Insolvenz kann ein Arbeitsverhältnis ohne Rücksicht auf die vereinbarte Vertragsdauer oder einem vereinbarten Ausschluss des Rechts zur ordentlichen Kündigung gekündigt werden. Durch § 113 InsO wird jedoch kein neuer Kündigungsgrund geschaffen. Er dient lediglich der beschleunigten Personalreduzierung in der Insolvenz. Auch nach Insolvenzeröffnung hat der Insolvenzverwalter die gesetzlichen Kündigungsverbote und die Kündigungsbeschränkungen zu beachten.

Literaturverzeichnis

Adam, Roman F., Abschied vom „Unkündbaren"?, in: NZA 1999, 846 ff.
Aden, Menno, Die Kündigung bei langandauernder Krankheit im Großbetrieb, in: RdA 1981, 280 ff.
Ascheid, Rainer, Kündigungsschutzrecht - Die Kündigung des Arbeitsverhältnisses, Stuttgart 1993, zitiert: Ascheid, Kündigungsschutzrecht, RN
Ascheid, Rainer, Beschäftigungsförderung durch Einbeziehung kollektivvertraglicher Regelungen in das Kündigungsgesetz, in: RdA 1997, 333 ff.
Ascheid, Reiner/Preis, Ulrich/Schmidt, Ingrid, Großkommentar zum gesamten Recht der Beendigung von Arbeitsverhältnissen, 2. Auflage 2004, zitiert: APS-Bearbeiter
Bader, Peter/Bram, Rainer/Dörner, Hans-Jürgen/Wenzel, Leonhard, Kommentar zum Kündigungsschutzgesetz und zu den §§ 620 – 628 BGB (Loseblattausgabe), Neuwied, Stand: August 2003, zitiert: Bader/Bram/Dörner/Wenzel-Bearbeiter § 626 BGB RN 1
Bauer, Jobst-Hubertus, Das arbeitsrechtliche Instrumentarium zur Sicherung und/oder Erreichung einer vernünftigen betrieblichen Altersstruktur, in: Brennpunkte des Arbeitsrechts 1995, Seite 223 ff.
Bauer, Jobst-Hubertus, Aktuelle Probleme des Personalabbaus im Rahmen von Betriebsänderungen (Teil II), in: DB 1994, 274 ff.
Bauer, Jobst-Hubertus/Röder, Gerhard, Kündigungsfibel, Rechtliche und faktische Ratschläge mit Checklisten, Mustern und Gesetzeszügen, 2. Auflage 1991, zitiert: Bauer/Röder, Kündigungsfibel
Bauer, Jobst-Hubertus/Röder, Gerhard, Taschenbuch der Kündigung 1995, zitiert: Bauer/Röder, Taschenbuch zur Kündigung, Seite
Belling, Detlev W., Die Kündigung wegen verdachtsbedingten Vertrauenswegfalls, in: RdA 1996, 223 ff.
Berkowsky, Wilfried, Die betriebsbedingte Kündigung, 5. Auflage 2002, zitiert: Berkowsky, Die betriebsbedingte Kündigung, § 1 RN 1, Seite
Berkowsky, Wilfried, Was ändert die Reform im Arbeitsrecht?, in: AuA 2002, 11 ff.
Berscheid, Ernst-Dieter, Arbeitsverhältnisse in der Insolvenz 1999, zitiert: Berscheid, Arbeitsverhältnisse in der Insolvenz
Berscheid, Ernst-Dieter, Konkurs Gesamtvollstreckung Sanierung, Die arbeitsrechtlichen Probleme in Gesamtvollstreckung-, Konkurs- und Vergleichsverfahren und bei Massenentlassungen, Einzel- und Gesamtrechtsnachfolge, Wilnsdorf-Gerndorf 1992, zitiert: Berscheid, Konkurs - Gesamtvollstreckung - Sanierung, „Konkurs" RN
Berscheid, Ernst-Dieter,Zur Frage der Verfassungsmäßigkeit bzw. Verfassungswidrigkeit des § 113 Abs. 1 InsO, in: InVo 1998, 32 ff.

Berscheid, Ernst-Dieter, Die Kündigung von Arbeitsverhältnissen nach § 113 InsO (Teil I), in: ZInsO 1998, 115 ff.

Berscheid, Ernst-Dieter, Die Kündigung von Arbeitsverhältnissen nach § 113 InsO (Teil II), in: ZInsO 1998, 159 ff.

Berscheid, Ernst-Dieter, Schriftform für Beendigung und Befristung von Arbeitsverträgen, in: ZInsO 2000, 208 ff.

Bichlmeier, Wilhelm/Oberhofer, Hermann, Neues Arbeitsrecht im Konkurs, in: AiB 1997, 161 ff.

Binder, Michael, Beendigung langandauernder arbeitsrechtlicher Bindungen nach dem österreichischen und deutschen Recht, in: DRdA 1970, 185 ff.

Bitter, Walter/Kiel, Heinrich, 40 Jahre Rechtsprechung des Bundesarbeitsgerichts zur Sozialwidrigkeit von Kündigungen, in: RdA 1994, 333 ff.

Boemke, Burkhard, Maßgebliche Kündigungsrist in der Insolvenz (§ 113 Abs. 1 InsO), in: NZI 2001, 460 ff.

Boewer, Dietrich, Teilzeit- und Befristungsgesetz (TzBfG), Kommentar für die Praxis, 1. Auflage 2002, zitiert: Boewer, Teilzeit- und Befristungsgesetz

Boewer, Dietrich, Ausgewählte Aspekte des Kündigungsschutzprozesses, in: RdA 2001, 380 ff.

Bösche, Burchard, Die Rechte des Betriebsrates bei Kündigungen 1979

Bröhl, Knut, Die Orlando-Kündigung - Zwischenwort zur außerordentlichen ordentlichen Kündigung tariflich unkündbarer Arbeitnehmer, in: Festschrift für Günter Schaub zum 65. Geburtstag, Seite 55 ff., München 1998, zitiert: Bröhl, FS-Schaub

Busemann, Andreas/Schäfer, Horst, Kündigung und Kündigungsschutz im Arbeitsverhältnis, 4. Auflage 2002, zitiert: Busemann/Schäfer, Kündigung und Kündigungsschutz im Arbeitsverhältnis, RN

Bütefisch, Wylka, Die Sozialauswahl, Praxisorientierte Darstellung der §§ 1 Abs. 3, 4 KSchG und 125 Abs. 1 Satz 1 InsO, Bochum 2000, zitiert: Bütefisch, Die Sozialauswahl

Caspers, Georg, Personalabbau und Betriebsänderung im Insolvenzverfahren, Köln 1998, zitiert: Caspers, Personalabbau und Betriebsänderung im Insolvenzverfahren, RN

Caspers, Georg, Anmerkung zum BAG vom 06.07.2000, Maßgebliche Kündigungsfrist im Konkurs und in der Insolvenz, in: SAE 2001, 187 ff.

Conze, Peter, Die Rechtsstellung der unkündbaren Arbeitnehmer im öffentlichen Dienst - am Beispiel von § 55 BAT, in: ZTR 1987, 99 ff.

Dahlbender, Frank, Kurkommentar zum Arbeitsgericht München, Vorlagebeschluss vom 23.09.1998 - 29b Ca 219/98, Kündigungsfristen, Insolvenz, Verfassungsmäßigkeit, in: EWiR § 113 InsO 1/99, 29 f.

Dorndorf, Eberhard/Weller, Bernhard/Hauck, Friedrich/Kniebel, Volkhart/Höland, Armin/Neef, Klaus, Kündigungsschutzgesetz, 4. Auflage 2001, zitiert: HK-KSchG-Bearbeiter

Düwell, Franz Josef, Änderungs- und Beendigungskündigung nach dem neuen Insolvenzrecht, in: Kölner Schrift zur Insolvenzordnung, Seite 1433 ff., hersausgegeben vom Arbeitskreis für Insolvenz- und Schiedsgerichtswesen e. V., Köln, 2. Auflage 2000, zitiert: Düwell in: Kölner Schrift zur Insolvenzordnung, Seite 1433

Ehler, Karl, Unbeachtlichkeit tariflicher Kündigungsschutzregelungen bei der personellen Konkretisierung der Sozialauswahl, in: BB 1994, 2068 f.

Ehrich, Christian, Die Bedeutung des § 36 Abs. 3 Satz 4 BDSG für die Kündigung des betrieblichen Datenschutzbeauftragten durch den Arbeitgeber, in: NZA 1993, 248 ff.

Eich, Rolf-Achim, Anmerkung zum ArbG Kassel vom 05.08.1976 - 1 Ca 217/76 in: DB 1976, 1677 f.

Eickmann, Dieter / Flessner, Axel / Irschlinger, Friedrich / Kirchhof, Hans-Dieter/ Kreft, Gerhart / Landfermann, Hans-Georg / Marotzke, Wolfgang Heidelberger Kommentar zur Insolvenzordnung, 2. Auflage 2000, zitiert: HK-InsO-Bearbeiter, § 113 RN

Eisenbeis, Ernst, Arbeitsrecht in der Krise Insolvenzspezifische Arbeitsrechtsbestimmungen, in: FA 1999, 2 ff.

Erfurter Kommentar zum Arbeitsrecht, begründet von Dieterich, Thomas/ Hanau, Peter/Schaub, Günter, herausgegeben von Dieterich, Thomas/ Müller-Glöge, Rudi/Preis, Ulrich/Schaub, Günter, 2. Auflage 2001, zitiert: ErfKomm(2. Auflage)-Bearbeiter, 5. Auflage 2005, zitiert: Erf-Komm-Bearbeiter

Erman, Walter (Hrsg.), Bürgerliches Gesetzbuch, Handkommentar, 1. Band, §§ 1 – 853, AGBG, AbzG, 7. Auflage 1981, Band I, §§ 1 – 853, MHG, ProdHaftG, VerbrKrG, HausTWG, AGBG, 9. Auflage 1993, Band I, §§ 1 - 853, HausTWG, ProdHaftG, SchuldRAnpG, VerbKrG, 10. Auflage 2000, zitiert: Erman(Auflage)-Bearbeiter

Ettwig, Bettina, Anmerkung zum BAG vom 19.01.2000, Maßgebliche Kündigungsfrist im Konkurs und in der Insolvenz, in: SAE 2001, 235 ff.

Färber, Peter, Die horizontale und vertikale Vergleichbarkeit von Arbeitnehmern im Rahmen der Sozialauswahl, in: NZA 1985, 175 ff.

Fiebig, Stefan/Gallner, Inken/Griebeling, Jürgen/Mestwerdt, Wilhelm/Nägele, Stefan/Pfeiffer, Gerhard, Kündigungsschutzgesetz, Handkommentar, 2. Auflage 2004, zitiert: HaKo-Bearbeiter

Fischer, Ulrich, Die Änderungskündigung in der Insolvenz, in: NZA 2002, 536 ff.

Fischermeier, Ernst, Die betriebsbedingte Kündigung nach den Änderungen durch das Arbeitsrechtliche Beschäftigungsförderungsgesetz, in: NZA 1997, 1089 ff.

Fitting, Karl/Kaiser, Heinrich/Heither, Friedrich/Engels, Gerd/Schmidt, Ingrid, Betriebsverfassungsgesetz mit Wahlordnung, Handkommentar, 21. Auflage 2002, zitiert: Fitting/Kaiser/Heither/Engels/Schmidt, BetrVG, § 102 RN

Frankfurter Kommentar zur Insolvenzordnung, Wimmer, Klaus (Hrsg.), 3. Auflage 2001, zitiert: FK-Bearbeiter § 113 InsO RN

Frey, Erich, Anspruchsuntergang durch Wegfall der Geschäftsgrundlage, in: ArbuR 1956, 193 ff.

Frischmann, Georg, Tarifliche Unkündbarkeit nach dem BAT in der außeruniversitären Forschung, in: ZTR 1996, 344 ff.

Frohner, Siegfried, Zum Verhältnis von tariflichen Alterssicherungsbestimmungen und gesetzlichen Kündigungsschutznormen, in: BLStSozArbR 1977, 353 ff.

Galperin, Hans/Löwisch, Manfred, Kommentar zum Betriebsverfassungsgesetz, Band II: Regelungen der Mitbestimmung (§§ 74 - 132), 5. Auflage 1976, zitiert: Galperin-Löwisch, BetrVG, § 102 RN

Gamillscheg, Franz, Der zweiseitig-zwingende Charakter des § 626 BGB, in: Arbeit und Recht 1981, 105 ff.

Gemeinschaftskommentar zum Kündigungsschutzgesetz und zu sonstigen kündigungsschutzrechtlichen Vorschriften – KR, 3. Auflage 1989, 4. Auflage 1996, 5. Auflage 1998, 7. Auflage 2004, zitiert: KR(Auflage)-Bearbeiter

Giesen, Richard, Anmerkung zum BAG vom 16.06.1999, Verkürzung tarifvertraglicher Kündigungsfristen im Konkurs, in: SAE 2000, 305

Gift, Emil, Vertragliche Kündigungsbeschränkungen, in: RdA 1969, 72 ff.

Gotthardt, Michael, Arbeitsrecht nach der Schuldrechtsreform, Köln 2002, zitiert: Gotthardt, Arbeitsrecht nach der Schuldrechtsreform, RN

Gottwald, Peter (Hrsg.), Insolvenzrechts-Handbuch mit GesO-Anhang, 2. Auflage 2001, zitiert: Gottwald-Bearbeiter, Insolvenzrechtshandbuch

Groeger, Axel, Probleme der außerordentlichen betriebsbedingten Kündigung ordentlich unkündbarer Arbeitnehmer, in: NZA 1999, 850 ff.

Großmann, Ruprecht/Schimanski, Werner/Dopatka, Friedrich-Wilhelm/Pikullik, Heinz/Poppe-Bahr, Marion, Gemeinschaftskommentar zum Schwerbehindertengesetz, Neuwied 1992, zitiert: GK-SchwbG-Bearbeiter

Grunsky, Wolfgang, Das Arbeitsverhältnis im Konkurs- und Vergleichsverfahren, 3. Auflage 1994

Grunsky, Wolfgang/ Moll, Wilhelm, Arbeitsrecht und Insolvenz, Neuerungen in InsO und KSchG, Köln 1997, zitiert: Grunsky/Moll-Bearbeiter, Arbeitsrecht und Insolvenz, RN

Halbach/Paland/Schwedes/Wotzke, Übersicht über das Arbeitsrecht, 6. Auflage 1997

Heilmann, Aribert, Verdachtskündigung und Wiedereinstellung nach Rehabilitierung, Heidelberg 1964

Heinze, Meinhard, Das Arbeitsrecht in der Insolvenz, in: NZA 1999, 57 ff.

Henssler, Martin, Die Auswirkungen der Schuldrechtsmodernisierung auf das Arbeitsrecht, in: Dauner-Lieb, Barbara/Konzen, Horst,/Schmidt, Karsten, Das neue Schuldrecht in der Praxis, 2003, Seite 615 ff.

Herschel, Wilhelm, Gedanken zur Theorie des arbeitsrechtlichen Kündigungsgrundes, in: Festschrift für Gerhard Müller, Seite 191 ff., Arbeitsleben und Arbeitsrechtspflege, Berlin 1981, zitiert: Herschel, FS-Müller

Herschel, Wilhelm, Unmöglichkeit der Dienstleistung und Kündigung, insbesondere bei Krankheit, in: BB 1982, 253 f.

Herschel, Wilhelm, Zur Absicherung gewerkschaftlicher Vertrauensleute durch Firmentarifvertrag, in: ArbuR 1977, 137 ff.

Herschel, Wilhelm, Beschränkung der Befugnis zur außerordentlichen Kündigung, Zugleich ein Beitrag zur absoluten und relativen Unzumutbarkeit, in: Festschrift für Arthur Nikisch, Seite 49 ff., Tübingen 1958, zitiert: Herschel, FS-Nikisch

Hess, Harald, Das Arbeitsverhältnis und dessen Beendigung in der Insolvenz (§ 113 InsO), in: AR-Blattei SD 915.1

Hoyningen-Huene, Gerrick von/Linck, Rüdiger, Kündigungsschutzgesetz - Kommentar, 13. Auflage 2002, zitiert: v. Hoyningen-Huene/Linck KSchG

Hueck, Alfred/Nipperdey, Hans Carl, Lehrbuch des Arbeitsrechts, Band 1, 7. Auflage 1963; Band II/1. Halbband, 7. Auflage 1966, zitiert: Hueck/Nipperdey, Lehrbuch des Arbeitsrechts, Band, § 1, Seite

Hueck, Götz, Kündigungsschutz und Mitwirkung des Betriebsrats in der Rechtsprechung des Bundesarbeitsgerichts, in: 25 Jahre Bundesarbeitsgericht - Festschrift, Seite 243 ff., München 1979, zitiert: Hueck, FS-25 Jahre BAG

Isenhardt, Udo, Handbuch zum Arbeitsrecht, Gruppe 5, Kündigung, RN 1 – 594, zitiert: Isenhardt, HzA Gruppe 5 Kündigung RN

Jaeger, Ernst, bearbeitet von Henckel, Wolfram, Konkursordnung, Großkommentar, §§ 1 - 42 Register, 9. Auflage 1997, zitiert: Jaeger-Henckel, KO § 22 RN

Jobs, Friedhelm, Soziale Auswahl bei betriebsbedingter Kündigung, in: DB 1986, 538 ff.

Kania, Thomas, Arbeitsrecht in Konkurs und Insolvenz, in: DStR 1996, 832 ff.

Kania, Thomas/Kramer, Michael, Unkündbarkeitsvereinbarungen in Arbeitsverträgen, Betriebsvereinbarungen und Tarifverträgen, in: RdA 1995, 287 ff.

Kasseler Handbuch zum Arbeitsrecht, Band 2, Besondere Arbeitsverhältnisse, Berufliche Bildung, Beendigung des Arbeitsverhältnis, Mitbestimmung im Unternehmen/Konzern, Tarifvertrag und Arbeitskampf, Betriebsverfassung, Arbeitsgerichtliche Verfahren, Neue Bundesländer, Europarecht, herausgegeben von Prof. Dr. Wolfgang Leinemann, 2. Auflage 2000, zitiert: Kasseler Handbuch-Bearbeiter 1.1 RN 1

Kittner, Michael/Däubler, Wolfgang/Zwanziger, Bertram, Kündigungsschutzrecht, Kommentar für die Praxis, 6. Auflage 2004, zitiert: Kittner/Däubler/Zwanziger-Bearbeiter, KSchR, § 1 KSchG RN 1

König, Wilhelm, Zur näheren Bestimmung des wichtigen Grundes bei außerordentlichen Kündigungen durch den Arbeitgeber, in: RdA 1969, 8 ff.

Koppenfels, Katharina von, Die außerordentliche arbeitgeberseitige Kündigung bei einzel- und tarifvertraglich unkündbaren Arbeitnehmern, Diss., Münster 1998

Kramer, Michael, Rechtsfolgen unzulässig kurzer Kündigungs- und Ausschlussfristen, in: BB 1997, 731 ff.

Kramer, Michael, Kündigungsvereinbarungen im Arbeitsvertrag, Diss., Köln 1994

Kraushaar, Bernhard, Die Sozialauswahl nach § 1 Abs. 3 KSchG, in: AiB 1994, 169 ff.

Kübler, Bruno M./Prütting, Hanns (Hrsg.), Das neue Insolvenzrecht, InsO/EGInsO, 2. Auflage 2000, zitiert: Kübler/Prütting, Das neue Insolvenzrecht, Seite

Kübler, Bruno M./Prütting, Hanns (Hrsg.), Kommentar zur Insolvenzordnung, Loseblatt, zitiert: Kübler/Prütting-Bearbeiter, InsO, § 1 RN 1

Kuhn, Georg/Uhlenbruck, Wilhelm, Konkursordnung, Kommentar, 11. Auflage 1994, zitiert: Kuhn/Uhlenbruck, KO § 22 RN

Künzl, Reinhard, Probleme der Sozialauswahl bei betriebsbedingter Kündigung, in: ZTR 1996, 385 ff.

Küttner, Wolfdieter, Personalbuch 2003, Arbeitsrecht • Lohnsteuerrecht • Sozialversicherungsrecht, 11. Auflage 2004, zitiert: Verfasser in Küttner

Lakies, Thomas, Arbeitsrechtliche Vorschriften der neuen Insolvenzordnung in: BB 1998, 2638 ff.

Lakies, Thomas, Das Beschlussverfahren zum Kündigungsschutz nach § 126 InsO, in: NZI 2000, 345 ff.

Lakies, Thomas, Zu den seit 01.10.1996 geltenden arbeitsrechtlichen Vorschriften der Insolvenzordnung, in: RdA 1997, 145 ff.

Lammermann, Rolf, Aktuelle Probleme im Rahmen der betriebsbedingten Kündigung unter besonderer Berücksichtigung der betrieblichen und sozialen Auswahl, Diss., Bielefeld 1996

Leithaus, Rolf, Zur „Nachkündigung“ nach § 113 InsO und zur Anfechtungsproblematik bei Kündigungen von Arbeitsverhältnissen im Vorfeld eines Insolvenzantrags, in: NZI 1999, 254 ff.

Linck, Rüdiger, Die soziale Auswahl bei betriebsbedingter Kündigung, Diss., Heidelberg 1989

Linck, Rüdiger, Die soziale Auswahl bei betriebsbedingter Kündigung, in: AR-Blattei, SD 1020.1.2

Lohkemper, Wolfgang, Die Bedeutung des neuen Insolvenzrechts für das Arbeitsrecht, in: KTS 1996, 1 ff.

Löwisch, Manfred/Spinner, Günter, Kommentar zum Kündigungsschutzgesetz, 9. Auflage 2004, zitiert: Löwisch, Kündigungsschutzgesetz, § 1 KSchG

Löwisch, Manfred, Das Arbeitsrechtliche Beschäftigungsförderungsgesetz, in: NZA 1996, 1009 ff.

Löwisch, Manfred, Tarifliche Regelung von Arbeitgeberkündigungen, in: DB 1998, 877 ff.

Lück, Peter, Probleme der Sozialauswahl nach § 1 Abs. 3 KSchG, Umfang der Sozialauswahl, Bestimmung und Gewicht der bei der Sozialauswahl zu berücksichtigenden Sozialdaten und die Berücksichtigung betrieblicher Belange, Frankfurt a.M., 1993

Molitor, Erich, Die Kündigung, 2. Auflage 1951

Müller, Reiner, Praktische Probleme der seit 01.10.1996 geltenden arbeitsrechtlichen Vorschriften der Insolvenzordnung, in: NZA 1998, 1315 ff.

Münchener Handbuch Arbeitsrecht, Band 2 - Individualarbeitsrecht II, 2. Auflage 2000, zitiert: MünchArbR-Bearbeiter

Münchener Kommentar zum Bürgerlichen Gesetzbuch, Schuldrecht - Allgemeiner Teil, Band 2, §§ 241 - 432, FernAbsG, 4. Auflage 2001, Schuldrecht - Besonderer Teil II, Band 4, §§ 607 – 704, 3. Auflage 1997, zitiert: MünchKomm-Bearbeiter

Münchener Kommentar zur Insolvenzordnung, Band 2, §§ 103 – 269, 2002, zitiert: :MünchKommInsO-Bearbeiter

Nerlich, Jörg/Römermann, Volker (Hrsg.), Insolvenzordnung (InsO) Kommentar, Stand: Juli 2003, zitiert: Nerlich/Römmermann-Bearbeiter

Oetker, Hartmut, Das Dauerschuldverhältnis und seine Beendigung, Kiel 1994 zitiert: Oetker, Das Dauerschuldverhältnis und seine Beendigung, Seite

Oetker, Hartmut, Arbeitsrechtlicher Kündigungsschutz und Tarifautonomie, in: ZfA 2001, 287 ff.

Oetker, Hartmut, Arbeitsrechtlicher Bestandsschutz und Grundrechtsordnung, in: RdA 1997, 9 ff.

Oetker, Hartmut, Der auswahlrelevante Personenkreis im Rahmen von § 1 Abs. 3 KSchG, in: Festschrift für GüntherWiese, Seite 333 ff., Neuwied 1998, zitiert: Oetker, FS-Wiese

Palandt, Bürgerliches Gesetzbuch, 63. Auflage 2004, zitiert: Palandt-Bearbeiter § 626 RN

Pape, Gerhard, Kurzkommentar zum LAG Hamm vom 13.08.1997 – 14 Sa 566/97, Konkursverwalter, Kündigung, Kündigungsfrist, Wirksamkeit, in: EWiR § 113 InsO 4/98, 901 f.

Papier, Hans-Jürgen, Der verfassungsrechtliche Rahmen für Privatautonomie im Arbeitsrecht, in: RdA 1989,137 ff.

Pauly, Holger, Unkündbarkeitsvereinbarungen in Arbeitsverträgen - Kündigung trotz Ausschlusses der Kündigung?, in: ArbuR 1997, 94 ff.

Plander, Harro, § 113 Abs. 1 Satz 1 InsO: Tarifbeschränkungen qua gesetzlicher Verschleierung?, : DZWiR 1999, 183, ff.

Pollmann, Michael, e Sozialauswahl bei der betriebsbedingten Kündigung, Diss., Münster 1996

Popp, Klaus, Ordentliche und außerordentliche Kündigung, in: Popp, HAS § 19 B, RN

Preis, Bernd, Das neue Recht der Sozialauswahl - Neues und Altes zu § 1 Abs. 3 KSchG - in: DB 1998,1761 ff.

Preis, Ulrich, Prinzipien des Kündigungsrechts bei Arbeitsverhältnissen, Eine Untersuchung zum Recht des materiellen Kündigungsschutzes, insbesondere zur Theorie der Kündigungsgründe, Düsseldorf 1987, zitiert: Preis, Prinzipien des Kündigungsrechts bei Arbeitsverhältnissen

Preis, Ulrich, Das arbeitsrechtliche Beschäftigungsförderungsgesetz 1996, in: NJW 1996, 3369 ff.

Preis, Ulrich, Betriebsbedingte Kündigung, in: HAS § 19 F

Preis, Ulrich/Hamacher, Anno, Die Kündigung der Unkündbaren, in: Festschrift zum 50-jährigen Bestehen der Arbeitsgerichtsbarkeit in Rheinland-Pfalz, 1999, Seite 245 ff., zitiert: Preis/Hamacher, FS-Arbeitsgerichtsbarkeit Rheinland-Pfalz

Reuter, Dieter, Anmerkung zu ArbG München, Verfassungswidrige Verkürzung tarifvertraglicher Kündigungsfristen durch § 113 Abs. 1 Satz 2 InsO, in: DZWiR 1999, 28 ff.

Richardi, Reinhard, Betriebsverfassungsgesetz mit Wahlordnung, Kommentar, 9. Auflage 2004, zitiert: Richardi, BetrVG, § 102 RN

Rolfs, Christian, Teilzeit- und Befristungsgesetz, Kommentar, Bielefeld 2002, zitiert: Rolfs, Teilzeit- und Befristungsgesetz, § 1 RN

Rudolf, Inge, Auftrag und Stellung des betrieblichen Datenschutzbeauftragten, in: NZA 1996, 296 ff.

Säcker, Franz Jürgen/Oetker, Hartmut, Grundlagen und Grenzen der Tarifautonomie, München 1992, zitiert: Säcker/Oetker, Grundlagen und Grenzen der Tarifautonomie

Schaub, Günter, Arbeitsrecht in der Insolvenz, in: DB 1999, 217 ff.

Schaub, Günter, Die betriebsbedingte Kündigung in der Rechtsprechung des Bundesarbeitsgerichts, in: NZA 1987, 217 ff.

Schaub, Günter, Kurzkommentar zum ArbG Stuttgart, Vorlagebeschluss vom 04.08.1997 - 18 Sa 1752,1758/97, Kündigung, Konkurs, Insolvenz, Verfassungsmäßigkeit, Normenkontrollverfahren, in: EWiR § 113 InsO 1/98, 69 f.

Schaub, Günter, Arbeitsrechts-Handbuch, Systematische Darstellung und Nachschlagewerk für die Praxis, von Schaub, Günter / Koch, Ulrich / Linck, Rüdiger, 10. Auflage 2002, zitiert: Schaub-Bearbeiter, ArbR-Hdb. § 1 RN 1

Schleusener, Axel Aino, Anmerkung zum BAG vom 05.02.1998, Außerordentliche Kündigung eines tarifvertraglich unkündbaren Arbeitnehmers bei Wegfall des Arbeitsplatzes, in: SAE 1998, 218 ff

Schliemann, Harald (Hrsg.), Das Arbeitsrecht im BGB, Kommentar, 2. Auflage 2002, zitiert: ArbR BGB-Bearbeiter

Schrader, Peter, Übergangsregelungen zum Konkursrecht, in: NZA 1997, 70 ff.

Schumacher-Mohr, Marion, Das Abmahnungserfordernis im Fall der außerordentlichen Kündigung von Organmitgliedern - Was gilt nach der Schuldrechtsreform? - in: DB 2002, 1606 ff.

Schwerdtner, Peter, Kündigungsrechtliche und betriebsverfassungsrechtliche Probleme der Änderungskündigung, in: 25 Jahre Bundesarbeitsgericht - Festschrift, Seite 555 ff., München 1979, zitiert: Schwerdtner, FS-25 Jahre BAG

Schwerdtner, Peter, Die außerordentliche arbeitgeberseitige Kündigung bei ordentlich unkündbaren Arbeitnehmern, in: Festschrift für Otto Rudolf Kissel zum 65. Geburtstag, Seite 1077 ff., München 1994, zitiert: Schwerdtner, FS-Kissel

Siebert, W., Anmerkung zum LAG Berlin vom 14.04.1953, Die Macht des Faktischen im Arbeitsverhältnis, Beendigung des Arbeitsverhältnisses bei Auflösung des Betriebes durch Hoheitsakt, in: BB 1953, 624 f.

Soergel, Hans-Theodor/Siebert, W., Bürgerliches Gesetzbuch mit Einführungsgesetz und Nebengesetzen, Band 4/1, Schuldrecht III/1, (§§516 – 651, MHG, VerKrG), 12. Auflage 1997, zitiert: Soergel-Bearbeiter

Sowka, Hans-Harald (Hrsg.), Kündigungsschutzgesetz, Kölner Praxis-Kommentar unter Berücksichtigung sozialrechtlicher Bezüge, 2. Auflage 2000, zitiert: KPK-Bearbeiter, Teil, § 1 RN

Stahlhacke, Eugen/Preis, Ulrich/Vossen, Reinhard, Kündigung und Kündigungsschutz im Arbeitsverhältnis, 8. Auflage 2002, zitiert: Stahlhacke/Bearbeiter, 8. Auflage 2002, RN

Staudinger, Julius von, Kommentar zum BGB mit Einführungsgesetz und Nebengesetzen, Zweites Buch, Recht der Schuldverhältnisse §§ 620 - 651k, 12. Auflage 1991, §§ 620 – 630, 13. Auflage 1995, zitiert: Staudinger(Auflage)-Bearbeiter

Stein, Jürgen vom, Wiedereinstellungsanspruch des Arbeitnehmers bei Fehlprognose des Arbeitgebers?, in: RdA 1991, 85 ff.

Tschöpe, Ulrich, Anwaltshandbuch Arbeitsrecht, 2. Auflage 2000, zitiert: Verfasser in Tschöpe, ArbeitsR

Tschöpe, Ulrich/Fleddermann, Christoph, Arbeitsvertraglich vereinbarte Kündigungsfristen in der Insolvenz, in: ZInsO 2001, 455 ff.

Uhlenbruck, Wilhelm (Hrsg.), Insolvenzordnung, Kommentar, 12. Auflage 2003, zitiert: Uhlenbruck-Bearbeiter, InsO § 113 RN

Warrikoff, Alexander, Die Stellung der Arbeitnehmer nach der neuen Insolvenzordnung, in: BB 1994, 2338 ff.

Weller, Bernhard, Betriebliche und tarifvertragliche Regelungen, die sich auf die soziale Auswahl nach § 1 Abs. 3 KSchG auswirken, in: RdA 1986, 222 ff.

Wendeling-Schröder, Ulrike, Nochmals: Personalabbau in Forschungseinrichtungen, in: WissR 1994, 167 ff.

Wendeling-Schröder, Ulrike, Zur Rechtsstellung tarifvertraglich „unkündbarer" Arbeitsnehmer in Großforschungseinrichtungen, in: Festschrift für Karl Kehrmann zum 65. Geburtstag, S. 321 ff., 1996, zitiert: Wendeling-Schröder, FS-Kehrmann

Wenning-Morgenthaler, Martin, Soziale Auswahl und tarifvertragliche „Unkündbarkeit", in: BLStSozArbR 1985, 193 ff.

Wenzel, Leonhard, Der Kündigungsschutz des Arbeitnehmers, Teil 6: Die außerordentliche Kündigung, in: MDR 1977, 985 ff.

Wiedemann, Herbert, Kurzkommentar zum BAG vom 05.02.1998 - 2 AZR 227/97, Tarifvertragliche Unkündbarkeitsklausel, in: EWiR § 626 BGB 2/98, 537 f.

Wiedemann, Herbert, Tarifvertragsgesetz mit Durchführungs- und Nebenvorschriften, Kommentar, herausgegeben von Dr. Herbert Wiedemann, 6. Auflage 1999

Zöllner, Wolfgang/Loritz, Karl-Georg, Arbeitsrecht, 5. Auflage 1998, zitiert: Zöllner/Loritz Arbeitsrecht

Zwanziger, Bertram, Das Arbeitsrecht der Insolvenzordnung, 2. Auflage 2002

Peter Lang · Europäischer Verlag der Wissenschaften

Martin Liebisch

Die Beteiligung des Betriebsrats an Kündigungen und ihre Auswirkungen auf die kündigungsrechtliche Stellung des Arbeitnehmers

Eine Untersuchung zur Funktion der Kündigungsbeteiligung nach § 102 BetrVG, den §§ 1 IV und 3 KSchG sowie § 125 InsO

Frankfurt am Main, Berlin, Bern, Bruxelles, New York, Oxford, Wien, 2004.
XX, 253 S.
Europäische Hochschulschriften: Reihe 2, Rechtswissenschaft. Bd. 3845
ISBN 3-631-51941-9 · br. € 51.50*

Die Arbeit befasst sich mit der Kündigungsbeteiligung des Betriebsrats nach § 102 BetrVG, den §§ 1 IV und 3 KSchG sowie § 125 InsO. Diese Regelungen erzeugen aufgrund ihrer kündigungsrechtlichen Auswirkungen ein Spannungsverhältnis zum individualrechtlichen Kündigungsschutz. Um festzustellen, ob die Herbeiführung dieses Spannungsverhältnisses gerechtfertigt ist, werden § 102 BetrVG, die §§ 1 IV und 3 KSchG sowie § 125 InsO auf die Funktionen untersucht, die sie der Betriebsratsbeteiligung zuweisen. Dabei wird der Funktionsuntersuchung auch eine ausführliche Betrachtung der geschichtlichen Entwicklung der Kündigungsbeteiligung zugrundegelegt. Die herausgearbeiteten Funktionen weisen den Weg zur Lösung verschiedener streitiger Auslegungsfragen.

Aus dem Inhalt: Betriebsratsbeteiligung an Kündigungen in der Rechtsentwicklung · Die Funktionen der Betriebsratsbeteiligung an Kündigungen · Die Funktionen der Kündigungsbeteiligungen und streitige Auslegungsfragen

Frankfurt am Main · Berlin · Bern · Bruxelles · New York · Oxford · Wien
Auslieferung: Verlag Peter Lang AG
Moosstr. 1, CH-2542 Pieterlen
Telefax 00 41 (0) 32 / 376 17 27

*inklusive der in Deutschland gültigen Mehrwertsteuer
Preisänderungen vorbehalten

Homepage http://www.peterlang.de

MIX

Papier | Fördert gute Waldnutzung

FSC® C083411

Kolibri 360 GmbH
Ferdinand-Jühlke-Straße 7
99095 Erfurt, Deutschland
produktsicherheit@kolibri360.de

Druck:
CPI Druckdienstleistungen GmbH
im Auftrag der
Kolibri 360 GmbH
Ferdinand-Jühlke-Str. 7
99095 Erfurt